高校教育教学管理理论与实践研究

李莎 著

中国纺织出版社有限公司

内 容 提 要

　　本书细致解构当前高等学府教学管理的实况，指出面临的难题与挑战，并引入前沿的理论视角与实战策略，以期激发该领域的发展活力。全书共六章，从高校教育教学管理的概念与特点入手，分别讲解了高校教育教学管理中的矛盾、原则和理念；从高校教育教学的理念创新研究追溯创新思维的源起与脉络，详述其实现路径与具体行动方案；细致挖掘高校教学与管理的现存症结，提出我国高校教育教学管理转型突破的路径选择与创新模式；聚焦学生教育工作管理的真实进展，全方位解析其内涵、特色、愿景、基本原则，探究应对之策；探讨高校教师管理的创新实践与发展，力求寻找师资管理的最优途径；深入讨论现代高校教学模式与质量管理的实践创新路径，旨在为高等院校的管理者、教职员工及相关教育领域从业者呈上一份内容全面、结构系统的知识参考。

图书在版编目（CIP）数据

　　高校教育教学管理理论与实践研究 / 李莎著 .
北京：中国纺织出版社有限公司，2024．7. -- ISBN
978-7-5229-2051-1

　　Ⅰ . G647.3

　　中国国家版本馆 CIP 数据核字第 20246BN394 号

责任编辑：史　岩　　责任校对：高　涵　　责任印制：储志伟

中国纺织出版社有限公司出版发行
地址：北京市朝阳区百子湾东里 A407 号楼　邮政编码：100124
销售电话：010—67004422　传真：010—87155801
http://www.c-textilep.com
中国纺织出版社天猫旗舰店
官方微博 http://weibo.com/2119887771
天津千鹤文化传播有限公司印刷　　各地新华书店经销
2024 年 7 月第 1 版第 1 次印刷
开本：710×1000　1/16　印张：10.75
字数：195 千字　定价：99.90 元

前　言

　　《高校教育教学管理理论与实践研究》这部著作致力于深潜进入高等教育领域教学与管理的理论演进及实践轨迹之中，旨在为高等院校的行政领导、教职员工及相关教育领域从业者呈上一份内容全面、结构系统的知识宝典。其核心目标在于细致解构当前高等学府教学管理的实况，揭露面临的难题与挑战，并引入前沿的理论视角与实战策略，以期激发该领域的发展活力。

　　首章开篇即从高校教育教学管理的概念与特点，引领读者逐步踏入高等学府管理的广阔认知领域，阐述其内在的独特属性与深远意义。随后的第二节，我们将视线聚焦于该领域内频现的矛盾现象，层层剖析这些矛盾的本质成因，为后续章节的深度探讨铺设坚实的逻辑基石。

　　第二章中，我们的笔触转向高校教育教学的理念创新研究，不仅追溯创新思维的源起与脉络，更详述其实现路径与具体行动方案。此间，我们批判性地审视了过往教育观念的束缚，积极倡导开放性与包容性兼具的新教育哲学，力促高校教育教学迈向一个更为灵活多维、兼收并蓄的新时代。

　　第三章中，我们将细致挖掘高校教育教学管理的问题分析与创新发展，揭示国内高等学府治理所面临的复杂挑战与宝贵机遇，并探索实现转型突破的路径选择与创新模型，旨在为决策者铺设一条行之有效的战略路径。

　　第四章节则聚焦高校学生教育管理工作的真实进展，全方位解析其内涵、特色、愿景、基本原则，同时直面现存挑战并探究应对之策。鉴于学生培养工作的全面发展至关重要性，优化管理与引导机制，成为当前亟须攻克的难关之一。

　　迈进第五章，我们将视线转移至高校教师管理的创新实践与发展，这一章将广泛涉及教师团队的构成分析、教师地位的提升、管理体系的构建、教师职业成长路径以及创新管理策略。作为教育使命的中流砥柱，高校教师的管理与激励机制直接关系到教育品质与学生成长，故此，本章将深入剖析，力求找到最优解。

　　至尾章，我们将深入探讨高校教学模式与教学质量管理的实践创新路径，既包含教学模式的未来探索方向，也触及教学质量控制的实践策略与创新思考。期望通过这些探讨，能为高等教育的教学管理者提供更具操作性的实践指南，以助力教育质量的飞跃。

　　本书寄望于成为高校教育教学管理领域的一部权威手册，为高校管理层与教育实践者提供富有价值的洞见与指导，携手共促高校教育事业的繁荣与进步。愿我们在浩瀚的知识海洋中共航，相互启迪，共同成长，在教育管理的征途中开辟一片光明的未来。

李　莎

2024 年 4 月

目　录

第一章　高校教育教学管理概述

第一节　高校教育教学管理的概念与特点

一、高校教育教学管理的概念

高等教育体系中的教学管理与高等教育本身紧密相连，互为依存。高等教育，这一站位于中等教育之上的教育层次，专注于培育高度专业化的精英人才，体现为一种深度与专精兼具的教育实践。而教学管理在此框架内，则是一种艺术与科学的结合，涉及领导者调动教育资源，精心编排教育团队，以期通过最优化的资源配置，高效达成高等教育的既定使命。更细致地讲，这是一系列由高等教育的掌舵者实施的、针对教育实践各要素的引导与协调行为，旨在促进教育目标的圆满实现。

从理论定义的维度来审视，高等教育是塑造高级专业人才的核心实践活动，其核心关注点在于受教育个体；其根本宗旨在于促进受教育者的全面发展，根据社会多元化的需求，培养出能够贡献于社会的栋梁之材；这一过程是通过教育者有意识地引导，激发受教育者的主观能动性，让他们在掌握基础文化知识、学习与生活技能的同时，实现个人能力的跃升、体质的强化，并逐步养成高尚的道德情操。此外，这一概念框架亦涵盖了在高等教育机构内部开展的科学研究活动。至于教育教学管理，则将焦点置于教育资源的调控上，其终极追求在于高效且公平地分配有限的教育资源。管理实践是一个动态的循环，其囊括了规划、组织、指挥、协调及监控等关键环节，旨在精准地实现管理目标。教育教学管理不仅是教育、教学及科研活动的组织者、协调者和指导者，还扮演着资源供给者与良好环境营造者的角色，它巧妙融合内外资源，最大限度地释放它们的效能。通过上述对比不难发现，高等教育机构内并存三大活动类型：教育活动、科研活动及统合这两者的管理活动，与之匹配的则是教育过程、科研过程与管理过程这三大实施阶段。进一步分析，管理过程虽与教育过程、科研过程有所区别，但三者之间

1

存在着千丝万缕的联系。在高校的日常运营中，教育过程居于核心地位；科研活动在某种程度上可视为教育过程的延伸，两者相辅相成，相互促进。管理活动的职责在于为教育活动与科研活动搭建平台、提供支持服务，以确保这两项关键活动顺畅进行，助力长远目标的实现。

在教育实践中，教育教学管理必须顺应教育的内在法则。那些能够映射教育法则的教育理论，对于指导高校教育管理的具体操作具有举足轻重的作用。从理论层面而言，高等教育教学构成了大学教育管理学科的理论基石。值得注意的是，管理本质上亦是一种深深植根于社会现实之中的实践活动，它与科学探索、生产活动和社会实践这三大社会实践活动共生共荣，彼此之间存在着互动影响。缺少了这三大实践的土壤，管理便失去了实际意义；反之，若这三项实践活动脱离了有效管理，也将难以有序推进，无法达到预期效果。同所有社会活动的管理一样，教育教学管理同样遵循其特有的规则体系，这意味着教育教学管理的规律性并不能简单等同于教育规律本身。因此，高校教育教学的管理者不仅需要深入理解教育的普遍规律，还需深入探究教育管理的特有规律，并明确区分教育管理理论与纯教育理论的界限。我们常强调的"遵循教育规律行事"，实质上更多指向的是教育教学管理活动及其衍生的教育教学实践，强调在这些活动中对特定规律的尊重与应用。

二、高校教育教学管理的特点

一般而言，管理活动的核心在于化解资源与目标之间的固有矛盾，其重心在于如何高效调配有限资源，以期实现利益最大化的诉求，这一特性构成了管理活动区别于其他社会实践的独有标识。相应地，教育教学管理的任务聚焦于有限教育资源的合理调配与利用，无疑继承了管理这一普遍属性，但这仅仅体现了其作为管理活动共性的层面。真正赋予高校教育教学管理独特性的是，在高校教育教学管理实践过程中所呈现的各种特殊情况，它们构成了高等学府宏观管理的根基与前提条件。因此，对高校教育教学管理理论的探索，重点应当放在深入挖掘并剖析大学管理活动独有的特征与情景上。这意味着，研究不仅要关注管理活动的一般规律，更要侧重于揭示高等教育教学管理场景下矛盾特殊性的本质，以及这些特殊性如何塑造和影响管理策略与实践，从而为提升高校教育教学管理水平提供坚实的理论支撑。

（一）高校教育教学管理目标的特点

高校的核心使命在于培育高素质人才与产出创新性科研成就，这一过程富含深厚的学术底蕴。正因如此，相较于普遍意义上的管理，高校教育教学管理在目标设定上展现出了其独特的性质。

1. 以高校教育目标为主要制定依据

每一项社会实践活动皆承载着既定的追求与愿景。在高等教育的领域内，这一目标聚焦于确保人才培养的规模与水准，提升人才的综合素质与学术造诣。相比之下，高等教育教学管理的追求，则在于最大化利用既有教育资源，孕育出更多且更优秀的专业人才，培育更多影响力深远的科研硕果，以达到更高的效益境界。因而，高校的总体教育蓝图实质上为教育教学管理目标的制订提供了核心导向，此乃其最显著的特征所在。这一特征强调，在目标设定的初期，高校的管理团队必须将高效管理的策略置于首位，用以规划和组织各类教育活动，确保教育愿景的落地。换言之，欲在高校教育教学管理中脱颖而出，实现既定的教育宏图，确立清晰、科学的管理目标就显得尤为重要且必要。

2. 方向性特点

方向性作为管理活动的普遍属性，同样贯穿于高校教育教学管理的实践活动之中。其目标导向性尤为突出，并深深植根于深厚的文化土壤中。鉴于人才培养是高校教育的核心使命，故而高校教育教学管理相较于一般管理，其方向性特征更为鲜明。此方向性体现在两方面：一方面，人才培养是一个受到特定环境与价值导向指引的自觉过程。从教学方法的选择、教育目标的设定、课程内容的敲定，直至学生价值观的塑造，无一不与意识形态紧密相连，且深深烙印着各自的文化痕迹。因此，高校教育教学管理蕴含着鲜明的政治导向性，要求管理者确保教育目标在全局观的引领下，与国家设定的总体目标保持协同一致，且在政治大框架内确立既实际又前瞻的教育目标。另一方面，高等教育还需积极响应和服务于经济社会的发展需求。由于教育周期较长，故人才培养方案需具有预见性，以期与未来的经济与社会发展趋势无缝对接。尤其在中国，坚持社会主义方向是高校教育教学管理的根本遵循。

3. 社会效益性特点

同所有管理活动的追求一样，高校教育教学管理的核心目标也是提高效率并实现更优效益。然而，在评估其效率时，高校管理者必须深刻认识到高等教育工作的独特性。教学活动与科研活动的有效管控，实质上要依托于活动主体本身的积极参与。因此，激发教师的工作热情，调动学生的自主性和积极性，是提高教育教学管理效率的关键。

（二）高校教育教学管理对象的特点

在高校的教育教学管理体系内，教师与学生构成了管理的两大核心对象。于高等教育的架构里，教师扮演着引领与指导的关键角色，而学生则是充满活力、自我驱动的主体参与者，两者各具特点。

1. 教师的特点

他们是专业知识的持有者与传播者。在教师管理的实践中，管理者需细腻捕捉教师群体的心理动态与以智力劳动为核心的职业生态，确保管理模式与其心智密集型工作的特性相契合。尤为重要的是，教师在教导充满主观能动性的学生时，既是接受管理的执行者，也承担着管理与引导学生学习过程的双重职责，这种双重身份要求对教师的管理需兼顾灵活性与启发性。

2. 学生的特点

高校中的学生群体大多源自完成中等教育的青春年华阶段。在应对学生管理时，智慧的管理者需洞悉他们身心成长的阶段性特质，每个阶段皆带有其独一无二的发展标识。这要求管理策略应精准贴合学生各成长期的需求，与之和谐共鸣。教育与管理的实践深深植根于学生主动探索的土壤之中，学生在教师的引导下既被动塑造，又主动参与自我塑造及学术探究的旅程。如此观之，学生不仅是教师管理的直接对象，亦是学校整体管理不可或缺的一部分。更进一步，鼓励学生自我管理的倡议，实际上赋予了学生作为自我管理者的新角色。教师与学生，同为知识领域的耕耘者，他们的劳动以智慧为核心，学术探究是日常，这必然催生出对创新思维的高度需求，同时意味着他们的工作模式倾向于高度个性化。高校教育资源包括财务与物资等多个方面，如何实现最优配置，直接受到教师与学生自身特性和他们教与学活动的影响。因此，激活师生内心的积极性与首创精神，营造激励独立思考的氛围，铺设一个自由创新的平台，成为高校教育教学管理工作的一项核心使命。

（三）高校教育教学管理活动的特点

1. 学术性特点

在高等教育的殿堂里，教学与科研活动按照专业与学科的细分领域推进。传授知识、创新知识及应用知识构成了教育教学管理的核心功能。评估高校培养的人才及科研成就，学术水准与实用价值是两大关键标尺。无论是教学还是科研，均以知识为传递与探索的载体，凸显了在高等学府体系内，尤其是那些深奥知识的极端重要性，共同构成了教育与科研活动的基石。高校的教育教学管理实践，不仅是行政指令的流转，还深深融入了学术治理的元素。学术管理，对比行政管理，遵循着一套独特的规律与特征体系，尽管两者常常相互渗透，界限模糊，难以截然分割。

2. 人际交流特点

普遍而言，管理活动均高度重视管理者与被管理者之间的沟通互动，以及人的行为与心理因素的重要性。在高等教育管理的特殊场域中，人的因素更是占据了举足轻重的地位，因为这一管理实践本质上是管理者、教师及学生三者之间动态对话与合作的综合体现。教师需深入理解学生，运用恰当的教学策略激活学生的思维，激发其学习的内驱力，方能收获显著的教育成效。师生间的密切沟通成为双方共同成长的桥梁。同时，管理者必须增进与各学科教师的交流，才能实施有效的学术指导，进而推动学术活动的繁荣发展。此外，管理者与学生之间的频繁交流，是赢得理解与支持，构建和谐管理环境的关键。综上所述，高校教育教学管理的实践强烈呼唤对人的因素的深切关注与精心培育。

3. 综合性特点

高等教育的进程是综合性的。我们深知，高等学府涵盖众多学科领域，而无论是哪个专业，都旨在培养德、智、体、美全面发展的高素质人才。人才培养固然是教育的基石，但高等教育的使命远不止于此，它还承载着多重社会责任，涵盖科研探索、社会主义精神文明的弘扬等多维度工作，这些任务彼此交织，相互影响，形成一张紧密的网。因此，管理者在履行职责时，须展现出高超的动员艺术，激发团队活力，借助集体的智慧与力量，保障高校管理的顺畅运作；同时，还须具备全局视角，综合分析问题，平衡各方关系，确保各项工作的和谐推进，避免顾此失彼，真正实现管理的高效与均衡。

4. 管理过程难以控制的特点

高等教育教学管理活动的一大特征在于其过程控制的复杂性和不确定性，这一特性主要表现在三个核心维度：

①高等教育教学活动的周期性长，导致管理效果显现的滞后，在管理过程中发生偏差时，及时识别与调整的难度大，反馈机制的缓慢使错误不易得到及时纠正。

②教育实施的具体步骤难以严密把控，特别是在教师教学方式上，因其高度的自主性和个性化，使教育过程充满了变数和不可预测性。

③与实体产品的质量控制相比，学生素质的提升难以实现标准化和定型化，其质量受社会需求变化、环境因素等外部条件的深刻影响，且真实反应往往需要较长时间。学生个体差异显著，性格、思维等方面的多样性增加了制订统一衡量标准的难度，加之学生具有极大的发展潜能，需要管理者适时调整策略，实行个性化的培养方案。这一要求无疑为管理过程的控制带来了额外的挑战。

（四）高校教育教学管理会受到环境的影响

在社会这个庞大而复杂的生态系统中，高校的教育教学管理工作不可避免地受到来自多方面力量的交织影响。教育本身作为社会现象，既是特定社会条件（经济结构、政治体制、文化背景、科技进步等）下的产物，也反馈并塑造着这些社会构成要素。随着社会生产力的进步、生产关系的演变，以及经济与上层建筑的动态调整，高校的教育教学管理模式和策略也必然经历相应的调整与革新。影响这一管理领域的因素繁多且关系错综复杂，涵盖政治导向、经济状态、科技进步、自然资源、地理位置等多个维度，此外，人文环境作为软实力的体现，同样是塑造高校教育生态不可忽视的关键因素之一。高校管理者的重要使命之一便是营造一个积极向上的文化氛围，这再次强调了人文环境构建的必要性。因此，高校教育教学管理者必须清醒地认识到，高等教育体系并非孤立于社会洪流之外的孤岛，而是镶嵌于社会大网之中，是社会大系统的一个有机组成部分。基于这样的认知，管理者在分析和应对高校教育现象时，应采取系统性、全局性的视角，细致考量种种社会因素对教育教学管理的潜在影响。

第二节　高校教育教学管理中的矛盾分析

一、集权与分权

集权与分权的选择，这一议题蕴含着深刻的复杂性。从国家宏观管理的维度审视，集权意味着权力的集中，即将高等教育教学管理的核心控制权汇聚于中央层面，由国家统一部署，实施标准化管理策略，这是确保统一指挥与高效运行的关键机制。集权的实践缩小了地方高等教育机构的决策空间，其覆盖广泛，涵盖了诸如发展规划、招生政策、学位授予等多个方面，其操作模式通常是为下级机构设定决策边界的总纲，明确哪些事务可自行决定，哪些需向上级报批。相反，分权则是权力的下放，即国家或上级主管部门将部分管理权限移交给地方政府或基层单位，赋予其更多的决策自主权和灵活性。在我国高等教育的治理体系中，集权与分权的权衡主要体现在两组关系上：首先是中央与地方之间的权责划分，其次是政府部门与高等院校之间的自治与监管平衡上。

（一）集权、分权各有优劣

集权制度的一大优势在于能够强化决策的统一性和权威性，确保政策的连贯执行。当采用集权模式时，国家能够依据整体发展战略，对全国的高等教育进行统一布局与指导，确保教育体系与国家政策、社会经济状况紧密契合，满足国家与社会对高等教育的期待与需求。然而，过度依赖集权也可能带来僵化与过度控制的问题，限制高校教育管理的灵活性，使其难以迅速适应多变的社会环境，同时抑制地方及各高校在教育创新与发展中发挥积极性与主动性。

分权的优势主要体现在两个方面：其一，它能够有效减轻上级管理机构的负担，通过将日常管理细节下放，使高层能够专注于更高层面的战略规划与宏观指导，提高管理效率；其二，它促进了责任的分级落实，各级管理部门在享有决策权的同时，也被赋予了相应的责任，这种权责分明的机制激励了各级部门的积极性与创新精神，增强了自主办学的动力。然而，分权亦非完美无缺，其可能带来的问题是宏观调控力的减弱，易于出现局部失控的局面，例如，地区间的盲目竞争、教育资源的无序扩张，以及教育质量与效益的下滑，这些都是分权可能导致的负面效应。因此，从制度设计的角度出发，教育管理部门需精妙地拿捏集权与分权的平衡点，既要确保足够的灵活性与创造力的空间，又要维护整体的协调性与教育质量的标准，实现管理上的张弛有度。

极端的集权意味着过度干预，即上级全面掌控一切决策，这种做法往往会抑制下级的主动性和创新精神。反之，过度分权则是彻底放手，将导致上级丧失对下级的必要监管，造成管理上的混乱无序。理论上，管理部门应基于问题的性质来精准拿捏集权与分权的尺度：对于那些具有全局性、基础性和长远影响的战略议题，应强调协同、集中和统一指挥，确保政令畅通，下级严格遵循上级指示并及时汇报，以实现统一行动。然而，集权亦需适度，在处理日常管理及较为常规的事务时，上级应适当下放权限，使下级能够依据实际情况灵活自主地作出决策，展现其能动性。总结而言，管理部门在设定集权与分权的界限时，应遵循国家宏观调控与高校自主办学相结合的原则，确保既不失控制也不过度束缚。为了明确职责与权限，必须借助法律手段予以界定，确保管理实践中有法可依，权责清晰。

（二）集权和分权的转化

集权与分权模式的转换展现为两种典型情形：

其一，被动转化，即当过度集权或过度分权的管理方式开始制约教育管理效能时，引发的由一方向另一方的转变。当前全球多国高等教育管理体系中，此类变迁趋势显著。以美国为例，正逐步由先前的极度分权管理模式向适度集权过渡；而中国，则正处于由高度集权向更为适宜的分权管理模式演进的过程之中。

其二，主动转化，即在管理机制显现出潜在阻碍发展苗头之前，主动优化集权与分权的配比，持续在动态中寻求两者的平衡，旨在预防因失衡导致的负面影响，确保高等教育体系的健康发展与协调进步。值得注意的是，集权与分权之间的平衡、适度与失衡状态并非固定不变，而是处于不断变化的动态之中，彼此交替成为常态。

鉴于高等教育管理的复杂本质，管理者在拿捏集权与分权的平衡点上面临严峻挑战。自 1949 年以来，高等教育领导与管理体系的演变轨迹清晰地印证了这一难点。1949 年至 1952 年，我国高等教育管理从分散无序逐步过渡到集中统一。1953 年至 1957 年，进入了高度集中的管理时期。随后，1958 年至 1960 年，大量高校管理权被下放到地方手中。1961 年至 1966 年，确立了统一领导下的双层管理模式。1976 年至 1985 年，管理体制回归至 1963 年的状态。自 1985 年起，我国高等教育实行中央、省及主要城市的三级共治模式，显示出从分散到集中再到适度分散的变化趋势。这一过程是否属于被动响应外界压力的改变，值得深入探讨。因此，主动驾驭集权与分权的动态转换，持续调整以求得最佳平衡状态，应视为理想策略。在这一过程中，警惕走向任何极端倾向同样重要。我们所强调的，是追求"度"的精准掌握，而非简单地偏向集权或分权任何一方。集权与分权皆为必要的治理手段，二者应相辅相成，相互调和，共同促进高等教育体系的稳健发展。

二、个人与组织

高等教育体系实质上是一个以人为本的社会生态系统，在这一框架内，个体是高等教育实践的核心单元，他们具备独立的意志、行为动机、个人利益与需求。首先，个体作为独立实体参与到这个系统中；其次，每个人的思维、情感、需求、利益和行动各有千秋。在高等教育的管理情景下，这些个体大致可归类为管理者与被管理者两种类型，但这种分类具有相对性而非绝对界限。教育管理的层级结构决定了个体的角色，某个个体可能同时肩负管理者与被管理者的双重角色，体现出角色的流动性。尽管每位成员各有特色，但无人能脱离群体而单独存在，皆为组织中不可或缺的一部分。

一个组织或许属于行政性质，或许侧重于学术领域，但归根结底，它是多个共筑高等教育愿景且彼此协作的个体的集合体。正是这些共通的教育追求将形形色色的个体（教师、学生、行政人员等）凝聚成一个整体；而这些个体间的协同合作，则是确保高等教育目标最大限度地得以实现的基石。在高等教育的管理实践中，个人与组织既相辅相成，又存在一定的张力。从根本上讲，二者之间的微妙平衡缘于利益、责任与需求满足之间的相互博弈。

个人与组织的对立面，具体可从两个维度来剖析：

第一，组织的整体利益超越个人利益。组织利益并非个人利益的简单累加，而是个人利益的升华与聚合，因此在层次上高于单一的个人考量。在高等教育体系内，每一个教育机构的核心利益体现在培养高素质人才、产出高质量成果及有效服务社会上，这与个体利益虽有交集却也时常表现出多样性和冲突性，有的与组织利益相吻合，有的则与之相左甚至背离。

第二，高等教育机构的功能超越了其内部个体功能的简单累加，体现了一种质的飞跃。机构凭借其内在结构和集体行动，能够实现个体单独行动所不及的成果。以人才培养为例，其背后是众多教师的悉心教导、管理者的辛勤协调、后勤人员的支持保障，以及学生的自主学习共同作用的结果。这表明，组织的力量并非个体力量的简单累加，而是一种超越总和的新型合力，蕴含着质变。无论是身为教师、学生还是管理者，任何人若想有所成就，都无法脱离组织的支持。

本质上，高等教育管理的框架内，个人与组织之间的冲突是次要因素，他们的相互融合占据了主导地位。这一融合性在高等教育的实践活动中尤为显著，体现在任何个体都无法独立于高等教育机构之外——教师、学生及管理人员，均凭借其特定角色融入这一集体，而这些角色的有效扮演，又从根本上依赖于高等教育体系的架构支撑。缺乏这一组织框架，不仅个体的能力难以充分发挥，各种职能也无法协同整合为推动高等教育发展的整体合力。反之，高等教育组织也深刻依赖于每一个个体，视个体为维系其存在的基本单元。一个失去教师、学生及管理者的高等教育机构是难以维持的。在此背景下，教学管理活动中人员数量的多寡，虽受制于组织的具体使命，却也是管理效率与特性的直观反映——人手充沛与精简各有优势与局限，其最优状态更多取决于管理水平及目标导向。此外，个人利益与组织利益在高等教育界紧密交织，彼此影响，因为利益直接关系到个人物质与精神需求的满足程度及其实现路径。在高校的组织结构里，个体的文化素养与知识水平参差不齐，涵盖了从学识渊博的学者到普通职工，乃至即将步入社会的广大学子。他们的需求与利益诉求各异，囊括了经济、文化、政治等多个维度。这些利益诉求在高等教育的实践中映射出个体与组织在精神文化创造及人才培养上的互动关系，而更深层次地，它们揭示了个体与组织在共享成果时的相互依存状态。组织的整体利益与其成员的个人利益本质上是一脉相承的，是所有成员个人利益的集中体现与提升，且根植于每个人的个性化需求之中。因此，管理者在日常管理活动中，必须在确保组织整体利益的同时，兼顾并保障个人正当权益，致力于创造一个积极向上、凝聚力强、共同面对挑战的团队环境。为了达成各自的愿望，成员们通过合作，以组织的共同利益作为自身利益的代言，从而实现了个人利益与组织利益的深度绑定。最终，当组织目标得以圆满实现之际，为之付出努力的每个个体也将收获相应的回报。概言之，在高等教育管理的实践中，惟有管理者妥善平衡组织与个人的利益，使之相辅相成，才能有效推动整个高等教育体系的蓬勃与可持续发展。

三、稳定与改革

高等教育系统的稳定性源自其运行中的相对恒常性，此乃高等教育管理实践的一种常态体现。教育体系的这种内在稳定性促使高等教育体系遵循其特有的规律性，按其固有的逻辑轨迹演进。具体来说，包括管理目标、模式、基本原则等在内的诸多要素需保持一定程度的连贯与稳定，否则高校教育管理活动将难以顺畅实施，相关学者也难以对管理的组成要素及其动态过程进行深入探究。然而，这种稳定性并非绝对无条件，而是具有条件性和暂时性特征的。一方面，所谓

"稳定"，其实是针对特定的管理系统以及限定的时间、空间框架而言。例如，在单一高校体系内部，校长作为最高管理者，与其他成员的角色划分看似固定，但一旦置于更宽泛的高等教育体系视角下，这种划分便显示出相对性。另一方面，稳定性概念蕴含了管理活动中渐进而非突变的过程。在高等教育管理的连续进程中，若某一阶段或制度安排未发生根本性的变化，仅在细节或规模上有所调整，我们即可认为该阶段或制度维持着相对稳定的状态。比如，从计划制订阶段向组织执行阶段过渡前，尽管计划内容可能从目标设定演变为预测分析、决策优化，只要计划的本质功能未变，该过程依然可以被视为稳定的。同样地，我国高等教育管理体制从集中式计划模式向市场导向转型之前的时期，尽管内部机制经历了一系列调整，但因其核心特征未发生质的飞跃，我们依然视其为相对稳定。

变革源自高等教育体系固有的开放性，它是高等教育管理活动中革新与跃迁的象征，本质上是对未来趋势的前瞻响应。面对外部环境的不断演化，高等教育管理需适时调整战略目标与政策措施，革新既有的管理模式与体制架构，为传统教育模式灌注新活力与新职责。以高校职能的拓展为例，从单纯的教学与科研向更广泛的社会服务领域迈进，这一转变要求管理范围扩大——覆盖教学与科研的同时，纳入对高校社会服务活动的管理，诸如科研成果的转化应用、产业孵化项目管理等，这些新增内容实质上促成了管理活动内涵的部分质性转换。毕竟，科研成果的市场化推广与产业活动的运营管理，在操作内容与形式上均与传统教学活动大相径庭。伴随我国经济体制由计划经济向社会主义市场经济的深刻转型，高等教育管理机制亦正处于一场深刻的变革之中：从高度集中统一、依赖直接行政指令的传统模式，逐渐向分层管理、强调宏观调控指导的新型管理体系过渡。

在高等教育管理的范畴里，稳定与改革构成了一个辩证统一体，两者既相辅相成又互为前提。

一方面，稳定与改革并非界限分明，而是相互交织、相互嵌入的。改革，在此语境下，意味着高等教育管理体系经历全局性、根本性的变革。即便在总体稳定的管理环境中，局部的革新举措始终层出不穷。以我国早期的高等教育管理实践为例，尽管在实施相对稳定且高度集中的管理模式期间，小规模调整与改进也从未中断，这些调整虽侧重于制度的自我完善，未彻底打破原有框架，却体现了稳定中孕育变革的趋势。高等教育管理的稳定性，实质上是对于计划、组织、协调、控制等管理环节深刻理解和熟练运用的反映。而在每项具体的管理实践里，变更目标、重组结构、更新领导策略等改革行动亦是持续不断的，体现出管理动态性与改革的内在一致性。因此，管理者必须依据外部环境的变动，及时调整阻碍系统进步的方面，这表明稳定状态中蕴藏着改革的种子。所以，改革进程内部也蕴含着稳定的需求。改革是一个逐步推进、分阶段实施的过程，其间的政策制定、体制调整、模式创新及采取的各类措施，都需具备一定的连续性和稳定性，以便观察成效、评估影响，直至过渡到一个新的稳定阶段。

另一方面，稳定与改革呈现出动态的相互转化特征。在高等教育管理中，体制及流程的相对稳定确保了管理活动在特定时间段内的平顺运行，为高等教育系统提供了一个稳固的操作平台。然而，这并不意味着系统能够无限制地、自发地沿既定轨道永久运行。事实上，在表面的平静之下，各种矛盾与挑战不断积累与涌现。一旦这些矛盾积累至临界点，就势必触发改革的迫切需求。此时，改革若能成功突破旧有体制束缚，构建起适应新时代需求的新体制，实现本质上的飞跃，并使之再次与外部环境及高等教育系统的发展趋势相契合，则标志着一个新的稳定周期的到来。

综上所述，从稳定到改革，再回归新的稳定，这一循环往复的过程不仅是高等教育管理活动逐步进化、由初级向更高层次发展的直观体现，也是确保高等教育系统高效、健康运作的关键所在。若这一系列转变未能促成真正意义上的发展与进步，反而导致停滞或倒退，那么这样的改革无疑是偏离正确轨道的，甚至可视为失败的尝试。

四、社会效益与经济效益

在市场经济体制下，高等教育活动内含经济效益属性，这是不容忽视的客观现实。教育管理者应当理性认知高等教育所蕴含的经济效益，并给予其合理的定位。从教育体系外部视角审视，经济效益体现在高等教育培育的人才对经济社会发展的贡献程度，即人才创造的财富价值；而从体系内部来看，经济效益则关乎在特定时间跨度内，教育资源投入与所培养人才的数量与质量比值。在社会大系统中，高等教育系统通常被界定为非物质生产领域，这意味着其直接物质产出并非首要考量因素。然而，若将其强行归类于物质生产部门，其经济效益的显现则远不及传统物质生产行业那般直观。因此，高等教育体系的独特之处既在于它能产生一定的经济效益，更在于其能够创造广泛的社会效益，尤其是后者，构成了其价值的核心。

高等教育活动在社会系统层面产生的长远及全局性效应，构成了其社会效益的核心。这一效益不限于经济领域的提振，更深刻触及社会政治结构、文化发展等多个维度。接受高等教育的个体，往往能在社会活动中展现出更为强大且持久的影响力，究其原因，是高等教育作为培育高端专业人才的重要途径，与人作为社会活动主导者的角色密不可分。此外，科技进步既是推动生产力跃升的关键杠杆，也是社会发展的核心驱动力，这进一步要求高等教育不仅要传授科技知识，更要激励学生在科技领域追求卓越，勇攀新高。同时，高等教育旨在促进人在探索自然、改造世界的过程中实现自我认知与能力的双重提升。综上所述，高等教育对于社会效益的提升具有不可估量的价值。

高等教育的经济效益在一定程度上具有可量化性，这是不争的事实。相关研究显示，知识增长的绝大部分——高达五分之三，归功于教育的推动，进而表明教育对国民经济增长的贡献显著，占据了 35% 的比例。以美国经济学家舒尔茨为例，他运用教育资本储量分析法深入剖析了教育对经济发展的影响，结果显示教育水平的提升对国民经济增长的推动作用高达 33%。然而，这一领域的国际研究仍需持续深化，相比之下，国内的研究则显得尤为薄弱，这主要源于国内研究者对此领域的相对忽视。然而，高等教育的社会效益在诸多方面却难以用数字来简单衡量。例如，高级专业人才在为社会创造物质财富的同时，对社会精神文明、民主法治等方面所做的贡献，以及他们在科学技术领域，特别是人文、社会科学领域所取得的成果，其社会价值往往难以完全量化。因此，我们不能仅仅依赖可量化的经济效益来全面评估高等教育的综合效益，过分强调经济效益而忽视其社会效益。同时，我们也不能因为社会效益的难以量化而简单地否定对高等教育经济效益的深入研究。与其他经济现象相比，经济学在测量整个工业化的社会效益时也面临困境。虽然数量化是经济学研究的重要部分，但经济学本身也仅是一个部分数量化的学科。教育亦是如此，尽管在程度上两者存在显著的差异，但两者在数量化与非数量化研究上的挑战却有着共通之处。

在探讨高等教育管理的深层逻辑时，社会效益与经济效益的辩证统一关系尤为显著。

①这两者并非孤立存在，而是相辅相成、互为因果。高等教育管理的核心在于实现社会效益的最大化，这直接体现了办学效益的优劣。而经济效益，作为社会效益的重要支撑，其增长不仅反映了社会效益的提升，更为社会效益的进一步扩展奠定了坚实的基础。反之，良好的社会效益也为经济效益的持续增长提供了肥沃的土壤。在高等教育管理的实践中，社会效益的积累往往是一个长期的过程，而经济效益的显现则更为直接和迅速。因此，追求合理的经济效益应被视作长期社会效益构建的一环，两者需紧密相连，协同发展。

②经济效益并非与社会效益割裂开来，而是其内在的一部分。在谈论高等教育管理的社会效益时，不能忽视经济效益的作用。特别是在教育资源有限的情况下，高校需要更加精细化地管理成本，提升经济效益，以确保社会效益的最大化。这种管理方式不仅是对教育资源的有效配置，更是对高等教育管理本质的深刻洞察。

这些看似矛盾的方面，实际上都反映了高等教育管理过程中的核心规律。它们是我们理解高等教育管理活动中各种复杂关系相互作用的窗口，也是指导我们认识这些矛盾运动及其发展规律的指南，最终引领我们走向更加高效、科学的高等教育管理实践。

第三节　高校教育教学管理的原则

一、高效性原则

在探寻高等教育管理的核心精髓时，高效性原则无疑占据了举足轻重的地位，它不仅是高等教育管理本质的直观体现，更是其具体实践的生动写照。高效性原则倡导的是，在有限的高等教育资源下，通过精准有效的资源配置，培养更多的杰出高级专业人才，产出更多的顶尖科研成果。这一原则清晰地描绘了高等教育管理的追求目标——卓越的办学效益，这一效益不仅体现在经济效益上，更在社会效益上得到了充分展现。衡量高等教育所培养的人才和取得的科研成果是否真正推动了社会、文化、经济的蓬勃发展，是衡量其办学效益的关键所在。同时，高等教育在实施过程中能否实现资源利用的最大化、资源浪费的最小化，也应成为评判办学效益的重要标准。而要实现这些目标，高等教育在制定总体发展规划、设立专业方向、聘用人员等关键环节上，必须具备高度的灵活性和充沛的精力。

二、整体性原则

高等教育管理的核心导向，源于高等教育系统的整体性和教育目标的共同指引，这决定了我们必须坚守整体性原则。整体性原则，即在充分考量社会环境因素的前提下，以人才培养为核心，科学组织并协调各项工作，使之形成合力，达到最佳效能。

高等教育系统的一大显著特点是，整体功能远超各组成部分功能的简单累加。在实际管理工作中，局部与全局之间的冲突时常出现。有时从局部角度看似乎有所受益，但从全局考量，可能损失远大于局部所得。因此，我们始终强调局部需服从全局。研究表明，人只有在明确的目标指引下，才能充分发挥自身潜能，并在实现目标后获得成就感和满足感。为了确保整体性的目标能够真正引领全局，我们需将这个目标具体化，并使之贯穿整个管理过程，从而确保各项工作都紧密围绕这一核心目标展开。

在高等教育系统中，与所有系统相类似，任何个体或组织都无法单凭一己之力满足自身需求，必须依赖其他个体或组织的协同与配合。若合作行为缺乏明确的管理目标作为指引，那么这种合作将失去整体性的管理意义。由于社会与组织的分工千差万别，高等教育系统中的各个工作目标也各不相同，但它们都围绕并依赖于高等教育的总体目标。在总体目标的指引下，这些工作目标相互补充、相互支持，共同构成了一个完整的系统。值得注意的是，整体性原则的体现方式在具有不同功能的组织中各有特色。例如，经济组织通常以功利性为导向，强调竞争与效益。然而，在高等教育系统中，整体性原则的体现方式则更为复杂和多元，它要求各个组成部分在保持各自功能特色的同时，也要相互协作，共同为高等教育的总体目标服务。

三、民主性原则

高等教育管理的学术性特质，从根本上决定了其管理的民主性。高等教育管理者必须秉持民主精神，广泛吸纳师生意见和建议，充分激发他们的创造性和积极性，这样才能成功运营一所既严谨又开放的高等学府。高等教育领域汇聚了众多优秀人才，他们思维活跃，追求并珍视学术自由。因此，高等学校在组织开展学术活动时，必须充分体现这一精神，确保学术活动的自由性和创新性。从本质上看，高等学校的教学和科研活动均属于学术性范畴，这些活动的顺利进行离不开民主与自由的土壤。民主为师生提供了表达观点和想法的平台，自由则为他们探索和创新提供了广阔的空间。如前文所述，高等教育系统内部存在着复杂的利益和权力冲突。一个明智的决策往往需要在多种力量之间进行协商和妥协。任何独裁式的管理方式都可能导致决策的片面性和局限性，进而降低高等教育的学术价值。

尊重个体的独特价值，是民主之基石。在校园重大事务的决策舞台上，每一位师生都应享有发声的权利，他们的声音应当被听见。领导和组织在作出决策前，必须倾听师生的声音，并基于科学的流程，做出明智且恰当的抉择。这正是学校民主精神的生动体现。民主与公正，两者如影随形。人们在享受公正待遇的同时，也会深切感受到民主的光辉。作为高等教育管理者，追求公正需要制订清晰、透明的规章制度，平等对待每一个人，不偏不倚，同时主动接受民主监督，确保公正得以实现。

民主性原则在高等教育管理中具有举足轻重的地位。从制订决策到执行决策，再到检查决策的执行情况和评定执行结果，每一个环节都需要高等教育管理者充分发扬民主精神，确保决策的科学性、公正性和有效性。

四、动态性原则

动态性原则在高等教育管理中扮演着至关重要的角色。它强调高等教育管理者在管理活动中应根据不同的情境灵活调整策略，确保高等教育具有适应性和针对性。为了应对瞬息万变的环境，动态性原则特别注重高等教育管理的创新与发展。高等教育所承担的社会职能既承前启后，又需要不断发展和创新。因此，高等教育管理者在管理工作中既要基于稳定和继承，又要以发展和创新为目标和动力。这意味着在保持相对稳定的框架下，需要不断探索新的发展路径，同时在持续的运动和变化中寻求稳定的机制。

为了贯彻动态性原则，高等教育管理者必须勇于改革旧有的体制和方法。但改革并不意味着对稳定性的全面颠覆，而是在保持教育核心价值和基本秩序的前提下，进行必要的调整和完善。任何改革都应以实际情况为出发点，紧密结合社会需求，确保教育目标、管理政策和发展计划具有足够的灵活性。此外，改革的过程应遵循循序渐进的原则，避免冒进和急于求成。通过逐步释放改革的红利，减少潜在的风险和不确定性，确保高等教育管理系统的稳定性和可持续发展。

五、导向性原则

导向性原则即管理者通过管理手段引导成员向既定目标努力。其制订的方针政策、工作措施及工作氛围等均起引导作用。

在政治导向的语境下，导向性原则的提出，深深植根于高等教育管理的双重性规律之中。这种双重性，即自然属性和社会属性的交织。自然属性，其普遍、共通与技术性的特质，使我国高等教育能够秉持开放包容的理念，积极学习国际先进的科技与管理智慧。而社会属性，则表现为历史传承与政治色彩，这要求我们在汲取各国教育管理经验时，必须审慎抉择，不可盲目复制，需考量不同社会形态下的独特性。国家的高等教育，无疑受到其政治制度的深刻影响，这种影响在管理实践中必然有所体现。在阶级社会中，各种社会活动均带有鲜明的阶级性。我国教育方针明确指出，高等教育旨在培养传承与发展国家及民族文化的接班人与建设者。无论是从宏观的国家视角，还是从微观的民族层面，育人始终是高等教育的首要任务，这一方向性由阶级社会的政治特性所决定。

在管理工作导向上，其关键构成涉及措施导向和条件导向。在管理者的精准指引下，组织成员会基于自身的觉悟和外部环境，自主或不自主地开展工作。除此之外，管理实践中还涉及利益导向和心理导向的复杂因素，但鉴于篇幅限制，此处暂不深入讨论。

六、依法管理原则

《中华人民共和国高等教育法》（简称《高等教育法》）作为指引和约束中国高等教育活动的基石法律，共计八章，为高等教育活动制定了全面而详尽的规范。从管理体制的维度审视，全国高等教育事业在国务院的统一领导和管理下得以有序运行。具体到地方层面，各省、自治区、直辖市的人民政府肩负起对地方性人才培养高校及国务院授权的地方管理高校的监管职责，并统筹协调本行政区域内的高等教育事业。国务院教育行政部门则聚焦于全国高等教育工作的宏观管理，以及国务院指定面向全国培养人才的高等学校的具体管理。此外，国务院的其他相关部门也在其职责范围内，对相应的高等教育工作进行细致的管理和指导。

在深入高等教育管理的实践中，我们日益领悟到依法办事的深刻意义。随着我国法治化建设的稳步推进，高等教育领域中的各种矛盾，包括国家间的、高等教育与社会其他部门间的、高等教育组织内部法人间的，以及高等教育内部成员间的矛盾，都需要通过法律法规的严谨程序来得到妥善化解。特别是在这样一个复杂多变的时代背景下，依法管理的原则越发凸显其不可或缺的重要性。

依法管理的核心，在于遵循国家法律法规和教育行政主管部门的规章制度，并以此作为高等教育活动的行为准则。具体到微观层面，依法治校是依法管理原则的具体体现，它要求高校建立健全各项规章制度，确保行政行为的合法性，通过制度化的方式规范管理者的行为，从而营造一个法治化、规范化的教育环境。

第四节　高校教育教学管理的现代理念

一、现代教育理念的内涵

所谓教育理念，是对教育方法的深刻理解和理想追求，也可视为对教育基本原理和规律的憧憬性认识。这种理念犹如对教育未来的"智慧洞察"，它根植于前人的教育思想，同时立足于未来社会对人才的迫切需求。科学的教育理念能够精准地揭示教育的本质与时代特色，为教育的进步指明清晰的路径。正因如此，现代教育理念不仅成为社会文化的重要标杆，更以其前瞻性的视野，为我们绘制了教育的理想蓝图，并持续引领着社会各领域的全面发展。

二、高校教育教学管理的十大现代理念

经过对教育实践与理论的长期钻研，现代教育理念获得了更为深邃的思想内涵。从理论层面分析，现代教育理念打破了过往单纯依赖教育经验的桎梏，摈弃了传统教育中过度应试的偏向，实现了教育内容的系统化和精准化。同时，这一理念彰显出客观、可靠的科学特质，并融入了开拓、创新、批判和冒险等多元化精神。而在实践操作层面，现代教育理念在引导教育实践过程中展现出更高的成熟度，体现了包容性、可行性和持久性的鲜明特点，这些特质无疑将为高等学校的教育教学管理提供强有力的支撑，产生积极而深远的影响。接下来，我们将对

高等教育教学管理的十大现代理念进行详尽的阐述。

（一）以人为本理念

在今日经济与科技飞速发展的浪潮中，社会已经逐渐从科技主导迈向以人为本的新纪元。在这一时代浪潮中，坚持人本主义的教育理念成为时代的必然选择。因为人，既是教育的起点，又是其最终的归宿。教育，作为塑造合格人才、满足社会发展需求的崇高事业，理应全面彰显以人为本的时代精神。因此，现代教育需深刻贯彻人本理念，在教学全过程中体现对人的重视、尊重、提升与发展。同时，现代教育还应致力于开发人的天赋潜能，关注人的现实与未来需求，强调实现个人价值的重要性，并培养人的自尊、自爱、自立与自强意识。正是基于这种以人为本的教育理念，人们的精神世界和生活质量才得到了持续提升，生存与发展能力也得到了显著增强。这不仅得益于人的自我完善与成长，更得益于现代教育在增强民族凝聚力、提升综合国力方面所发挥的重要作用。现代教育理念已逐渐融入时代潮流，成为广受欢迎的教育理念。

（二）全面发展理念

现代教育以推动人的自由全面发展为核心理念，强调人的全面性和完整性发展。从宏观层面来看，现代教育致力于面向全体国民，实现民族整体的全面进步。它旨在确保每位公民，无论通过正规还是非正规渠道，都能接受必要的教育，从而提升整个民族的思想道德素质、科学文化素养，增强民族的知识创新和技术创新能力，进而提升国家的综合国力。从微观层面分析，现代教育聚焦于每位学生的成长。它努力让每位学生在原有的基础上有所发展，帮助他们达到社会设定的合格标准，成为社会所需的优秀人才。现代教育的根本任务是促进学生在品德、智慧、体魄、审美等方面的全面发展，将他们培育为全面发展的个体。为实现这一目标，现代教育在观念上需从传统的应试教育转向素质教育，从精英教育、专业性教育转向大众教育、通识性教育。在教育方法上，现代教育应摈弃仅注重成绩提升而忽视学生身心发展的做法，转而采取促进学生德、智、体、美等全面发展的综合育人策略。同时，全面发展并非平均发展，现代教育应给予每位学生平等的个性发展机会和自由选择空间。

（三）素质教育理念

传统教育在教育思想和方法上过度偏重知识的灌输和接纳，这在一定程度上限制了学生的全面发展。为了突破这一局限，现代教育选择摈弃这种陈旧的模式，转而注重在教育过程中实现知识的转化。现代教育着重于将知识转化为实际能力，并将这些能力内化为学生个人的良好素质。它特别强调了知识、能力和素质三者在人才培养体系中的相互关联、相互促进与和谐共生。鉴于传统教育过度聚焦于知识的传递和考试分数，而往往忽视学生实践能力和综合素质的培养，现代教育对此进行了有针对性的改进。现代教育更加注重锻炼学生的实践能力，并致力于提升学生的综合素质。现代教育认为，与单纯的知识相比，学生的能力和素质更为关键、持久和稳定。因此，现代教育将培养学生的综合素质置于教育教学的核心位置，把引导学生学会学习、提升个人素质作为教育的基本目标。这样做的目的在于全面开发学生内在的多种潜能，确保学生的知识、能力和素质得到同步、和谐发展，从而提升学生的整体发展水平。

（四）创造性理念

转变教育模式，从侧重知识传授向激发创造力迈进，标志着传统教育向现代教育的关键转型。在当今社会，知识经济占据主导地位，脑力活动成为核心，个人的创新能力越发凸显，其潜在的创造力资源更被视为无价之宝。现代教育理念倡导，教育实践应是一种高度创新的活动，旨在挖掘和培养学生的潜能和创造力，将此设定为教育的根本任务。在构建教育环境时，现代教育鼓励采取创新教学方法，并融合美学于教育艺术之中；在人才培养策略上，着重于培育创造性思维，目标是孵化出一批批创造型英才。在现代教育理念中，创新精神与创业精神的双重融合构成了创造力教育的生态系统，二者缺一不可。因而，强化创新教育与创业教育的整合，促进二者的协同作用，以培育兼具创新意识与企业家精神的人才，成为现代教育不可或缺的组成部分。

（五）主体性理念

现代教育实质上是对主体性的一种深度挖掘与培养。它不仅高度认可个体的主体价值，还致力于推崇并激活个体的主体性，有效促动教育主体的积极性跃升，同时深化其主体意识，增强其主体能力，确保受教育群体不再是外部强加教育的被动容器，而是成为自我引导、自我教育的活跃主体。在此框架下，确认并尊崇每位学生作为学习旅程主宰者的地位，构成了主体性教育哲学的核心原则。该理念着重于围绕"学"设计"教"，力求通过这一核心导向最大限度地唤醒学生的内在潜能与求知欲望，促使学生从被动的听众转变为积极的探索者，教育进程由此转变为学生自我驱动的认知建构之旅。因此，主体性教育理论倡导从传统的以教师为导向、以教材为中心，向以学生需求、实践活动、经验积累为轴心的现代教育模式过渡。这一充满活力与创新的教育方式，鼓励愉悦学习、自我主导学习、成就导向教育及探究式学习等多种形式，旨在激发学生内在的学习动力，拓宽学生兴趣的边界，助力学生形成优良的学习与生活习惯，持续提升其学习效能，最终推动学生在主动参与与自我超越中不断成长进步。

（六）个性化理念

个性的多元化成长实则是孕育创新思维与创造能力的关键土壤。我们正处于一个以创新为核心的知识经济时代，这个时代渴求大量人才的支撑，而这些人才的显著特征便是拥有独特且丰富的个性特质，这正是个性化教育思想兴起的背景。现代教育哲学强调的是对个性的尊重与个体差异的正面认知，不仅接纳学生的多样性发展，更积极促进每个人独特个性的绽放；它采纳多样的教学策略与评价体系，以适应并促进学生各异的个性需求，营造出有利于个性全面发展的教育生态。现代教育的核心关注点在于学生身心素质尤其是人格特质的全面发展，因此，教育的每一环节都需渗透个性培育与完善的宗旨。具体而言，首先，在实践层面，个性化教育倡导创建富有个性的学习环境，建立支持个性展现的教育氛围与平台；其次，在观念上，它鼓励心灵开放、地位平等及师生间的动态交流，珍视并维护学生间个性差异的正当性，确保每位学生都能享有展示自我的均等机会，拥有个性成长的有利条件，激励他们自信地展现个人特色与优势；最后，在教学方法上，个性化教育坚持因人施教的原则，推广定制化的教育模式，依据学生的个性差异施以相应的教育策略，旨在将标准化的教育模式转变为契合个体的个性化教育，为学生个性化地健康成长开辟广阔的空间。

（七）开放性理念

当前，我们正置身于一个前所未有的开放纪元。科技进步如火如荼，日新月异地塑造着我们的生活，也让全球的联系日益紧密，编织成一个互动频繁的地球村。在此背景下，一种包罗万象的开放型教育新模式应运而生，彻底颠覆了以往教育的闭合形态。这种教育革新覆盖了教育资源的共享、教育内容的多样化、教育目标的前瞻性、教育观念的现代化、教育方式的灵活性、教育过程的互动性，以及教育评价的综合性等多个维度，全面刷新了传统闭塞教育的面貌。

①教育资源的开放性。指的是全面发掘并运用所有可用的教育资源，无论实体的、传统的、本土的，还是虚拟的、意识形态的、当代的、国际的，以赋能教育实践，激活教育活动。

②课程内容的开放性。这意味着教学环节与课程编排须着眼于未来、拥抱全球化、紧跟现代化步伐，破除教材内容的局限与陈规，使教学内容焕然一新，更加鲜活、开放且兼容并蓄。

③教育目的的开放性。它强调教育应持续启发学生心智，释放学生的创造潜能，不断提升学生的自主发展能力，拓宽学生的发展领域与可能。

④教育理念的开放性。它指出教育体系应广泛吸收世界各国的先进教育理念、理论与实践，不断丰富自身的教育智慧库。

⑤教学方法的开放性。这意味着教育路径应当趋向国际化、产教融合及社会化，跨越国界、行业与社会的界限。

⑥教学过程的开放性。它涉及将教育范畴从单纯的学历教育扩展至终身学习；从教室内的教学延展到实践操作、信息化网络学习；从校园内部拓展到社区乃至全社会的教育参与。

⑦教育评估的开放性。它主张摈弃仅依赖纸笔测试的传统评价模式，构建多元化的评价系统，使教育评估更加灵活、全面，更能适应个体差异。

（八）多样化理念

我们所处的现代社会，是一个特征显著的多元化时代。在这个由高度分化社会结构、复杂多变的生活环境与丰富多元的价值观念交织时代，教育领域的发展趋势亦展现出多维度、多层次的特性。教育多样化的首要表征，在于教育需求的多元化。随着经济社会的迅猛发展和日新月异的变化，对人才的需求呈现出前所未有的多样性，涵盖了广泛的能力与素养。此外，教育的多元化还体现在办学主体的多样性、教育目标定位的多元化，以及教育管理体系的差异化上。教育的形式与方法同样经历了一场灵活多变的革新，教育成效与人才评价的标准亦趋向于更加灵活、包容与多元化，这无疑为教育的实践与管理带来了新的维度。在此背景下，教育管理者与教育机构面临着前所未有的挑战，需要在设计与实施教育教学活动时，体现出高度的适应性和创新性。多元化理念倡导根据教育的不同层级、类型与管理模式，采取灵活多变的设计与管理策略，推崇一种能够灵活适应各种教学情境与管理需求的弹性模式。这种模式与实际的教育教学实践相辅相成，更加贴合当下教育发展的实际需求。为了进一步推动教育事业的蓬勃发展，多元化理念还倡议建立健全更为多元包容的社会体系，营造一个开放、支持的舆论环境，以促进教育创新与实践的自由生长，为社会培养更加多样化、更具适应力的人才。

（九）生态和谐理念

如同自然界中的植物、动物与微生物无法脱离优质生态环境而苗壮成长，人类的成长同样深深植根于适宜的社会生态土壤之中。尤其重要的是，一个宽松和谐的社会环境对于个体的全面发展起着举足轻重的作用，它是滋养人才健康成长的温床。现代教育理念视教育为一个动态平衡的生态系统，其中，内部元素如师生关系的和睦、理论教学与实践活动的紧密结合、教学内容与方法的默契配合，共同构成了这个系统的内在和谐；而外部条件上，则体现为教育活动与宽广育人环境的无缝对接，以及与文化氛围的深度融合。现代教育实践中，要求教育者为每一个教育环节都精心营造和谐的氛围，旨在编织一张密不可分的教育生态网，确保人才成长所需的各种养料与环境因素和谐共生，进而实现生态平衡下的人才培养目标。因此，现代教育所追求的是"和谐教育"的理想，它力图构筑一个生机勃勃的生态教育圈，通过教学过程、管理机制、环境建设等多维度的协同作用，为人才的全面成长打造理想的生态环境。

（十）系统性理念

随着知识经济时代的崛起及学习型社会的成型，终身教育理念在现代教育体系中得以深入实践。教育对于个人而言，是贯穿其一生的关键历程；而对于国家，则是国策之重。因此，教育的范畴远远超出学校的围墙，它关乎整个社会的进步与未来的图景；教育的意义远不止于个体素养的提升，其核心在于提升全民素质，奠定国家发展的基石；教育不仅服务于个人精神世界的丰富，更是国家文化软实力构建与物质文明、精神文明均衡发展的重要战略。教育，作为一个复合的社会系统工程，集多元要素于一体，跨越众多领域与行业，要求全社会的共同努力与协同参与，以实现其应有的价值。我国正在构建的社会化大教育体系，迥异于传统的教育模式，它基于系统工程的原理，强调全局规划、协同设计与一体化运营。该体系旨在培养学生的自主学习习惯，增强其在未来社会中的生存与发展能力。它倡导在社会各个层面和环节之间建立紧密的协作机制，以此完善教育的社会化网络，将其作为优化教育环境的核心任务，从而驱动整个教育大系统高效、健康地运行，为社会的长远发展蓄积不竭动力。

第二章 高校教育教学的理念创新研究

第一节 高校教育教学理念创新的缘由

一、高校教育教学理念创新的由来

（一）培养人才观念的形成

高等教育的核心使命在于培育人才，而教学活动则构成了人才造就的主渠道。自改革开放以来，高等教育领域确立了以人才培养为核心的教育理念。

随着国家对人才培养质量关注度的日益增长，社会各界开始重新审视教育与科研在高校中的角色，重申了教学在高校工作中的核心地位，强调无论何种类型的高等教育机构，人才培养应始终居于首位，科研活动亦需承担起培养未来人才的重任。教育工作者被寄予厚望，须将教学视为第一要务，忠实履行教育者的根本职责。

随着全球高等教育的发展及科技进步、社会变革对人才培养提出的更高要求，能力导向的教育观日益凸显其重要性，社会亟须兼具广博知识与过硬技能的高质量人才。因此，教学活动面临着两方面新的挑战：一方面，要妥善处理理论教学与实践教学的平衡，既要巩固理论基础，又需强化实践与实验教学；另一方面，还需兼顾学校教育与社会教育的和谐共进，避免极端化倾向，减轻学生在时间、经济及心理上的负担。在此背景下，教学中心论点得到了进一步充实与拓展，具体表现为校内加强理论与实验教学的融合，在科研中锻炼学生的实践能力，校外则强化实习实训基地的建设，构建"产、学、研"深度融合的教育模式。

（二）以专业教育为主的教育思想形成

通常而言，全球高等教育体系中存在着两大教学模式流派：一种是以苏联和德国为典范的深度专业教育模型，该模式注重长期的校园学习，既铺设扎实的学术基础，又融入实践技能的培养；另一种则是以美国为典范的广泛通识教育体系，其特点是缩短在校学习周期，集中精力构建基础知识框架，而将实践经验的积累留待毕业后进行。中国早期主要建立了侧重专业教育的体系。然而，自改革开放以来，我国开始转向关注并汲取欧美通识教育的精髓。与此同时，这两类教育模式并未故步自封，而是经历了不断的自我革新与相互融合的过程。

普遍观点认为，现代专业教育理念的滥觞可追溯至美国功利主义视角下的科学主义高等教育哲学。20世纪初，以实用性为标尺的功利主义教育观念深刻影响了美国数十年之久，特别是1957年后，美国更加重视高等教育科学的实用性。1978年我国全国科学大会的召开，提出了"向科学进军"的口号，预示着科学春天的到来，这一理念随后成为国家教育政策方针及学校教育教学工作的核心指导思想之一。然而，专注于培养学生单一技能的专业教育思想不久便遭遇了素质教育理念的冲击。国内外的人才发展与应用实践均揭示，仅仅掌握一门技术的个体难以胜任高级专业人才的角色。随着全球科技的飞速进步，学科专业经历高度分化后再次走向高度融合，这已成为教育与社会实践的发展趋势，两者皆面临着日益复杂的挑战。特别是"曼哈顿计划"案例，揭示了社会工作对团队合作、协调、组织等综合能力的迫切需求，这意味着教育的目标已不仅是培养具备深厚基础、广泛知识和强大能力的人才，更需培养具有良好思想政治素养、高尚道德品质、健康身心素质的人才。

在这一背景下，综合素质教育的思想以自由教育、人文教育及普通教育等多种形式悄然兴起，逐步侵蚀并革新了过去狭隘的专业人才培养模式与观念，取而代之的是拓宽专业知识领域、强调"灵活性"和"普适性"的新呼吁，以及"通识教育"理念的盛行。曾经过分专注于科学技术领域"精细深专"的人才培养目标，也渐渐让位于追求"德智并重""文理兼修"的全新人才愿景。紧随其后，华中科技大学首倡以人文素质教育作为教育改革的先锋，有关部门也发布了针对性文件，全力推动高等教育的全面素质教育改革，并建立起一系列国家级人文素质教育基地。值得注意的是，人文素质教育不仅仅局限于向理工科学生传授人文科学知识，而是面向所有学生，旨在全面提升其人文素养、塑造其人文精神，是通识教育理念的生动实践与落实。

（三）终身学习和终身教育观念形成

遵循古典的职业教育观念，高等教育在教育体系中被普遍视为个人教育历程的终极阶段。但随着科技的日新月异和全球职场环境的持续变迁，受联合国教科文组织系列报告的启迪，以及素质教育理论的强有力支撑，终身教育与终身学习的理念开始深刻影响高等教育领域，引发了学术界关于高等教育本质的热烈讨论：它究竟应被视为终极教育阶段，还是作为更深层次的基础教育？尤其当高等教育进入大众化乃至普及化阶段后，其作为基础教育的属性更为显著，高等教育的任务在于为学生将来成为科技人才、投身科技行业奠定知识、技能及持续学习的基础，而非一次性提供职业生涯所需的所有准备。因此，高等教育在人才培养上必须强调跨学科的广阔视野、坚实的基础知识、强大的学习与研究能力培养，同时，也要为毕业生及在职人士提供进一步学习与进修的平台与机会。

（四）以学生为本的个性化教学观念逐渐形成

全球性的学习浪潮促使高等教育的教学模式必须顺应受教育群体的根本性改变，这直接引领着高校教育革新的导向与准则。具体表现在几个关键转型上：教育重心从单纯的知识获取转移至更加强调智力发展与能力塑造；培养方案不再局限于专业技能的单一提升，而是扩展到包括外语、经济管理、沟通等在内的多维能力培养，以培养复合型人才；教育模式从统一规格的遵循转变为重视学生的个性化特长与学习潜能的激发；教学内容从侧重理论知识扩展转变为理论与实践并重，并特别强调二者的深度融合。

遵循因材施教原则，致力于人的全面发展，是教育的根本法则。为凸显学生在人才培养中的核心位置，教学管理、教学流程、教学策略等各方面均需从单一、固定的模式转向多元、个性化的教育实践与形式。这意味着在坚守专业深度的同时扩大专业广度；在设定人才培养目标与基本框架的同时赋予学生广阔的成长空间；在确保教学秩序的基础上，为院校、专业、教师及学生提供更大的灵活性。在教学管理层面，推广学分制，实行选课自由、专业选择等灵活制度与政策，以此鼓励学生个性化发展与自主学习。

二、高校教育教学的变化趋势

自 21 世纪初，随着我国高等教育大众化步伐的加快，高校在教育资源配置与保障机制方面面临着诸多挑战。对此，政府与各高校携手启动了"高等教育教学质量与教学创新项目"，旨在双管齐下：一方面提高高等教育的硬件设施与资源条件，另一方面则聚焦于将物质资源转化成有利于人才培养的制度体系，持续推动教育理念与教学方法的革新。

（一）建立健全的教育观

一个完善的教育理念在实践中具体体现为高校教育资源的创新共享机制，这涉及新式教材与立体教材的开发、网络教育资源的创新及共享平台的构建，旨在打造覆盖全国的高品质课程与立体教材数字化资源库，并树立一批示范性强、服务高效的数字化学习典范，以期完善终身学习的支持系统，全面提升我国高等教育的品质与综合实力。要实现这一目标，就必须全面考量教学质量提升的系统复杂性，精准选定那些基础牢固、影响深远、引领潮流的创新切入点，并以此为导向，指引高等教育教学革新的前进道路，确保教育规模、结构、质量和效率的同步优化提升。同时，这一过程还需汇聚政府、教育机构及社会各界的力量，共同将提升教育质量作为推动高等教育发展的核心动力，有效整合各方面资源，直面并切实解决高等教育质量提升中遇到的实际难题，为高等教育的办学生态营造一个积极向上的外部环境。

（二）高校教育教学创新

高等教育教学的创新与质量提升，是教育界恒久的探讨焦点。大体上，我国高等教育在教学创新的实践层面展示了宏大的规模与气魄，但在创新的形式和内容深度上仍有待突破。鉴于此，教学体制的革新需进一步强化，包括建立健全教学评估体系、专业认证机制，以及高等教育基本情况信息公开制度等；在教学实践创新层面，不仅要确保资深教授与知名教师回归一线教学岗位，更要致力于组建高质量的教学团队。同时，持续强化学生在教育过程中的主体角色，通过扩大选课与专业选择的自由度，借助学分制增强学生学习的自主性和责任感。此外，应加大对各类大规模、高规格教学研究与创新项目的投入，设立丰富的奖励机制，以激发教学方法的革新活力，推动高等教育教学实践的持续进步。

第二节　高校教育教学理念创新的思路

一、更新教学理念

（一）更新教育思想，形成实践教育教学理念

实践，意味着将高校教育内容中的自然科学理论、人文知识、道德教育等诸多理论模块，通过详尽而有序的实际操作过程加以吸收、内化、融合与提升。这一过程旨在将科学教育与人文教育有机结合，使实践成为人才培养全链条中不可或缺的一环，旨在锤炼学生的实践技能，激发其创新思维，同时增进其人文修养与科学素养，确保与社会实际需求无缝对接。为此，高校在打造校园文化时，应创新激励机制，激发学生的创新创业热情，不仅鼓励其积极参与，还应提供强有力的后盾，全方位促进实践教育的深化落实。

（二）树立以生为本的教学理念

教育实践中，需深刻体现对学生主体角色的深切认知与尊崇，全力激发并开发他们的潜在能力，悉心培育与塑造其个性特质。教育应是学生个人志趣、社会

人才需求及学校正面引导的和谐统一，旨在促进学生在知识积累、能力提升、道德观塑造，以及身心健康等多个维度实现平衡且综合的发展，助力每位学生成长、成才。此教育哲学需渗透至高校教学的每一个环节。教学模式上，采纳灵活的教学规划，推行学分制度与主辅修体系，赋予学生选择与自我管理的权限，让他们自主安排学习时间，特别强调创新意识与实践技能的培养；教学宗旨上，坚持"一切服务于学生、全面关注学生、惠及每位学生"的原则。至于教学策略，则极力推广"学生中心、教师指引"的双向交流教学模式，倡导问题导向、实例分析、小组讨论、情景模拟等教学手法，实行以"启迪思考、互动协作、探索发现"为特色的课堂实践，通过一系列举措，促使教师从传统的灌输式教育向现代探究式教学转型，引领学生由被动接受知识向主动探索学习迈进。

（三）灵活多样的教学组织形式

在实际执行教学任务时，应当采纳灵活多变的组织形式，勇于对既定教学模式进行革新，以充分激活学生的个性特征，并通过激励与引导，驱动学生经由主动探索之路达到自主学习的境界。此过程着重于将教育重心从单纯的知识传输转变为促进学生认知能力的提升及全面素养的构建。进一步打破以教师主导、课堂限制、以教材为核心的固有教学格局，转而构建一个师生互动频繁、专题研讨活跃、独立探究与团队合作并重的新生态。这样的环境不仅滋养学生的探索欲望与批判性思维，还特别强调教育方法的创新性及针对每位学生的个性化指导，确保学生能在与教师的日常互动中潜移默化地受到正面影响。此外，教学活动应侧重于实践操作，通过搭建实践平台、激励学生投身科研实践活动及课程创新项目，来增强教学的实践性和生命力。这些措施旨在加强学生在获取新知、解析问题、沟通协作等方面的能力培养，全方位装备学生以应对未来挑战。

（四）制定均衡的高校教育资源配置政策

在顶尖高校与普通高校之间，需努力达成教育资源的均衡分配，确保在推动"双一流"高校建设的同时，亦不忽略对普通高校条件的改善与升级。面对地区间高等教育差距日益扩大的现状，需设计适应各区域实际需求的高等教育策略，以促进教育资源在地域间的均衡布局，激活各地高等教育的发展动能。

优化高校教育的学科专业结构，注重教学内容与课程体系的创新，是提升教育质量的关键。课程安排应与高校的教育理念、社会需求紧密相连，确保专业设置与课程体系能够培养出社会所需的专门人才。首先是依据"宽厚基础"原则，构建学科专业人才培养的稳固基础，包括必要的知识、技能与素质。其次，学科专业布局需遵循"宽领域"原则，扩大学生知识视野，由单一专业匹配转向适应多领域需求，实行宽泛的专业教育模式，调整课程结构，强化跨学科交融，以提升教学质量，促进学生整体素质与综合能力的发展，为社会输送高质量人才。最后，高校应明确自身特色，依据差异化原则定位，发展优势学科，避免同质化发展，合理调配教育资源，维护教育公平，推动高等教育的科学与健康发展。

（五）因材施教，树立以生为本的教学理念

因材施教的本质，在于依据每位学生的个性特质量身定制教育策略，通过细致分析差异，设计出与之相匹配的教学方案。教育公平的真谛，并非让所有学生接受毫无差别的教育，而是确保每位学生都能获得符合其个性需求的教育，这体现了教育公平的个性化原则。我们必须深刻理解，学生是教育进程的核心参与者，是发展中具有独立个性的个体，每个人的特质都是独一无二的。因此，在设定教育目标、教学模式、课程内容和教学策略等各个环节，应坚持以学生为中心的教育观，尊重并维护学生的主体性，深挖学生的内在潜能，促进其个性的全面绽放，塑造学生健全的人格，推动学生的全面发展，以实现真正意义上的教育公平。

（六）构建高校教育教学质量保证体系

高校教育的质量直接关系到个体的全面成长，并会最终对社会经济的繁荣产生深远影响。因此，依据现有的政策法规框架，建立一套科学的高校教育教学质量保障体系显得尤为重要，旨在规范学科专业的发展路径，防止教育资源的无效重复与浪费。此外，成立独立且具公信力的教育质量评估机构，强化对高校教育教学的监管力度，完善评估机制，充分利用社会监督的效力，对高校教育教学质量进行全面而深入的监督，是提高高校教育教学质量的必要措施。

简言之，追求高等教育教学的公平是教育公平的核心议题，也是推动高等教育创新与发展的不竭动力。我们必须持续深化教育模式的创新，优化教育结构，持续提升教学质量，以促进学生的全面发展，进而达成高等教育公平的最终目标。

二、办学特色形成

办学特色的铸就具体体现为以下三个方面：

首先，通过教育与教学的创新来塑造特色。一所具备鲜明个性的高等学府，必然拥有其独树一帜的教育理念和教学思想。这些理念在特定的历史与社会背景下，指引着学校的办学思路与理念发展，与时代脉搏和社会对教育及人才培养的期待保持同步，呼应教育理念的革新需求，遵循教育发展和社会演进的基本规律，促进了教育导向的优化、人的全面发展及人才培养模式的精进。教育与教学实践的革新，自然而然地引发教育观念的蜕变，而前瞻性的教育观念则催生出先进的办学实践，这包括设定新的教育愿景、重塑办学模式的准则，探索实施这些准则的策略与路径，以及对实践成效的全面评估。

其次，构建学科特色是推动办学特色的关键步骤。学科特色建设是高校特色发展的核心推动力，它作为人才培养、科研活动及服务社会功能的直接载体，其发展水平直接影响到人才培养质量、科研活动、专业结构优化及师资团队的建设，为高校特色的形成提供坚实基础，并决定着高校的服务效能、办学层次与水平的提升。学科特色不仅是高校办学特色中的显著标志，也是构成教育竞争力的核心要素。它包含两层含义：一是单个学科的独特性，即某一学科所特有的性质；二是学科体系的特色组合，即多个特色学科相互融合形成的独特架构。其中，特色学科是学科特色构建的根基，而学科结构特色是其拓展和延伸，真正的特色学科都具有独特性，难以被效仿和复制。

在学科发展上，高校应避免盲目追求规模大、全面或新潮，而应聚焦于精和专，依据自身实际情况构建优势学科，利用优势学科的品牌影响力，形成独特的办学特色。著名科学家田长霖教授曾指出，快速崛起的高校往往是在少数几个学科领域首先取得突破，达到国际一流水平，而非全面开花。学校应全力扶持顶尖学科，优先发展，将优势学科打造为全球顶尖，其余学科也会随之提升。因此，从某个角度说，高校的学科优势所在，即是该校的办学特色所在。

最后，弘扬大学精神，铸就办学特色。大学理应是思想自由、学术自治之地，致力于人才的培养与完善，追求人格的升华、道德的提升及学术的真谛。大学精神，是校内学术探索的心态与文化立场的综合体现，是全体成员在教育实践的长期历程中共同创造、传承与发展，逐渐形成并普遍认同的精神共识，它蕴含了学校的文化遗产与形象，是学校信念与意志品质的直接映射，体现了学校独有的精神风貌和文明成果，并作为所有成员的精神后盾。大学精神恰似个人品德，是大学最为根本和高度概括的价值导向与行为准则，左右着大学的行动路径及发展轨迹，是大学立足与前进的基石，是其灵魂与本质。大学精神是大学活力的不竭源泉，是优秀传统的凝练，是教育实践沉淀下来的精神符号，彰显大学集体心态与精神状态，展现大学的整体风范、层次、凝聚力、吸引力、生命力，最终凝聚成独特的办学特色。大学的教育理念与实践应促进大学精神的培育与成长，形成特色鲜明、历久弥新的教育模式。

三、推进师资队伍建设

逐步废除高等教育机构的行政级别体系，精简管理架构，减少行政成本支出，确保教师在高校中占据核心主导地位，并专注于师资队伍的优化建设。教育乃百年大计，其根本在于教师；教育之重，教师为基。教师之所以重要，在于他们肩负着塑造灵魂、生命与人格的重任。遇见一位优秀教师，是学生之幸；一所学校拥有众多良师，是学校的荣耀；民族若能持续涌现优秀教师，则是民族的未来希望之所在。国家的繁荣、民族的复兴、教育的进步，呼唤我们致力于培养一支师德高尚、业务精深、结构优化、充满创新活力的高素质教师团队，期盼更多卓越教师的涌现。

（一）优化高校师资队伍结构

高校教师团队的构成要素主要涉及学历背景、职称及年龄等多个维度，它们直观映射出教师团队的综合质量、专业能力和学术底蕴。

近年来，我国推出了一系列高端人才发展计划，诸如"高层次创新人才工程""青年教师奖励计划""核心教师支持项目""研究生课程进修计划"等，旨在提升师资队伍的综合素质。未来，我们需要继续加大引进与培育核心教师和学科领军人物的力度，强化顶尖人才梯队建设。对于具有高级职称的学科带头人及急需的专业人才，应实施特殊优惠政策，根据学科发展的战略导向，定向招引高端人才，确保师资队伍职称结构的均衡性。同时，采取有效策略吸引高学历人才，提高师资队伍的学历层次。重视校内人才的培养，广泛吸纳来自不同地域与学校的精英，融合引进与培养策略，优化资源配置，促进各学科教师队伍知识结构的均衡发展，最终推动师资团队的和谐进步。

（二）提高高校教师综合素质

师资团队的构建是高等教育创新与发展的基石，直接关乎教学质量的高低。随着高校教育的迅速发展，对教师的教育理念、知识结构、教学技巧等综合素养提出了更高的标准，要求教师不仅要精通现代信息技术与教育工具的运用，还要具备教学与科研创新、理论联系实际、知识服务社会及良好社交的能力。为了打造这样一支学术精湛、综合素质过硬的教师队伍，我国高校师资建设面临着艰巨而长远的任务。提升师资队伍的综合素质，首要任务是强化师德建设。师德是师资队伍的根本，持续加强师德建设是全面贯彻执行党的教育政策的关键，也是培养德才兼备的社会主义建设者和接班人的内在需求。在师资建设中，应遵循"以人为本"，坚定"师德兴则教育兴，教育兴则民族旺"的教育理念，鼓励教师更新观念，用现代教育理念充实自我，推动师资队伍发展，建设一支品行端正、作风正派、敬业乐群、学术严谨、教学科研能力强、紧跟时代步伐的高素质教师队伍。

要提升高校师资队伍的整体素质，必须重视教师的教学能力培养。教学作为人才培养的直接通道和高校的核心任务，教师是其执行的主体，所以增强教师的教学与科研能力是提升教学质量的关键路径。应改变以往偏重学历晋升而轻视教学能力培养的理念，应兼顾教师的学术水平与教学技能的双重提升。教师需掌握教育理论、教学技法及其规律，激发提升教学效能的主动性和自觉性。同时，强化教师对科研活动的重视，为教师创新创造条件，增强和提升师资队伍的科研能力、学术层次及职业素养。围绕"特色专业—精品课程"，强化重点学科领军人物、学术带头人及学术骨干团队的建设，在特定学科领域形成特色人才集群，致力于培育学术大家与教学大师，推动师资队伍的全面进步。

综上所述，我们应将高校师资队伍视为一个统一整体，采取多元化策略，以现代化视角培育高校教师团队。这包括提升教师的学术理论素养、教学实践能力、科研能力及文化内涵，全面增强其教学效能，团队协作、科研创新与社会服务能力，确保他们掌握前沿的教学与科研方法，具备崇尚科学、敢于创新的探险精神，以及对高等教育事业的执着追求，从而打造出一支兼具高尚师德、教学与科研实力雄厚、充满创新活力的高素质师资队伍。这一举措旨在提升高校教育质量与水平，促进师资队伍的良性循环发展，加速我国高校教育的创新进程，为我国教育事业的飞跃式发展打下坚实的基础。

四、创新课程体系及教学内容

（一）课程体系创新

课程体系创新的首要任务是改进和重组学科专业课程体系，实施因材施教，区分层次进行教学，分门别类地培育，同时推广主辅修结合、双学位、中外合作办学等多样化的教育模式，旨在满足学生的个性化学习需求，同步推动教育质量的提升。在课程结构上，需打破传统单一模式，即进行学科课程、国家标准或地方课程、必修课程的划分，转而重构课程体系，优化配置。确保综合课程、必修课程与选修课程合理配比，强调"理论与实践并重"，尊重学生个体差异，坚持四大原则：理论与实践融合、人文素养与专业课程整合、课内与课外活动联结合作、校内外互动，形成一个有助于学生全面发展的课程系统，最终培养兼具文化和创新双重素质，以及基础、通用、专业、综合四种技能的人才。

在高校的基础课程设置中，我们应构建一个综合性的基础教育体系，涵盖所有学科，其中融入国防教育、人文素养培育、自然科学基础、道德实践等多维度的基础知识培训。同时，我们需打造一个全面的实践教育体系，建立公共实践平台，涵盖专业实验、实习体验、毕业设计（含论文撰写）、文化实践、科技创新实践及社会实践等多元活动。此外，构建学生实践能力评价体系也至关重要，对学生的综合实践能力进行评估，引入"创新课程"概念，推动理论学习向实践转化。创新课程的理论基础不再局限于心理学，而是拓展到社会学、经济学、文化学、政治学及生态学等领域，更具广泛性。创新不限于原始创造，也意味着对既有成果的再解读、重组与创新运用。

创新课程并非简单地将创新的知识、策略和方法作为学科内容直接灌输给学生，也不是纯粹以学科知识获取为核心，而是采取综合实践导向，为学生设计独立的、结构化的研究性学习、设计性学习、体验式学习、实践性学习、反思性学习和生活化学习的综合机会，鼓励学生基于自身生活实际选取研究主题，通过对开放性、综合实践性、社会性问题的探究，形成个性化的学习路径，以激发学生的创新精神、开放思维、社会实践能力和社会责任感。同时，创新课程也是一种教育理念，意味着在课程开发与执行中，除了独立的实践课程，其他所有课程都应融入挑战性元素，通过内容的复杂性和多变性增加课程难度，从而在实践中培养学生的探究能力。

（二）教学内容创新

遵循"重基础、宽口径、强能力、重质量"的复合型人才培养理念，重新规划并创新教学内容与课程架构。告别过去局限于专业领域的"专业课程、专业基础、基础课程"三级分类模式，构建了"专业必修、专业选修、学科必修、公共必修、公共选修"五大课程体系，全面革新了教学内容与课程结构。按学科大类设计了基础通识课程、公共基础课程、文化素质教育与实践导向课程等多元教学模块，增加了选修课程比例，缩减了必修课程数量，对公共课程实施分层分级教学。

重基础旨在确保学生牢固掌握各学科领域的基本理论知识、核心技能，并能熟练应用于实践，巩固他们的知识体系，打造高质量课程。深化学生在理论、基础知识、基本技能及方法上的学习与实践运用，推进精品课程与标志性课程的开发，特别是那些基础坚实、覆盖面广、学科核心与专业基础的专业课程，推动其达到国家级精品课程的建设标准。

宽口径意味着将专业设置从狭窄的定向性转向广泛的适应性，实施宽领域教育，旨在提升学生的综合素质，为社会输出高质量人才。在课程体系构建上，需优化整体架构，加强课程间的交融，提升专业课程的广度与深度，同时强化文化素质的培养。在公共必修课基础上增设学科必修课程，分类别搭建课程平台，重视文理学科的交叉融合，在课程体系内嵌入跨学科课程，加深专业间的渗透，为学生搭建一个宽广度发展的学科基础平台。优化学生知识结构，鼓励学生依据个人专长、兴趣与未来方向自主选择，进一步拓宽专业领域，全面促进学生综合素质的培养。

强能力、重质量，即是以促进学生全面发展为目标，着眼于提升其综合素质，通过分析、模拟等实践教学方法，强化课堂实践环节，同时借助社会实践、社团活动、专业实习等方式，增强学生的实践操作能力与实际应用能力，重视个性化发展，深度挖掘学生潜力，从初级到高级，从一般技能到专业技能，再到分析问题，着重培养从特殊到一般问题解决策略制定的能力，培养逻辑思维，以成长为强能力、高质量的人才。

（三）实践教学的创新强调

针对我国高校创新教育面临的挑战，《教育部 财政部关于实施"高等学校本科教学教学质量与教学改革工程"的意见》中明确指出，将实施教育质量提升工程，中央财政大量投资予以支持。同时，《教育部关于进一步深化本科教学改革全面提高教学质量的若干意见》强调，重视实践教学，拓展校外实习，与企业、社会机构共建实习基地，提升实践能力，确保实习实践教育的实效，多途径提升实习质量，紧密连接教学与社会实际。

实践教学的实施，强调学校需创新性地开辟多元渠道，为学生搭建实践舞台，构建稳定的校内外实习基地，主动策划社会实践、调研及实习项目，以此逐步培育学生的敬业精神，磨砺其吃苦耐劳的坚韧意志，有策略地提升大学生遵守职业道德的自觉性。同时，渐进式培养学生的实践创新能力，鼓励其参与创新创业活动，聚焦于挖掘和培养创新素质。创新素质涉及创新意识、创新精神等维度，在创新国家建设中，逐渐成为学生职场竞争核心优势的资本。

五、教学模式和方法创新

人才培养是一项复杂而系统的工程，需持续探索其内在规律，摈弃陈旧的教学方式，深入研究教育过程，细究其多元因素——教学理念、内容、方法等，以掌握教育的内在逻辑。故此，我们倡导"民主教学"理念，革新传统模式，探索体现"民主"教育的研究性、开放式、互动性等的经典模式，强调学生主体性，鼓励其主动参与，激发其学习潜能，营造民主和谐环境，引导学生学会自主学习，建立和谐师生关系，充分调动学生学习主动性与积极性，确保学生全面和谐发展。

（一）推广研究型教学，培养学生的创新意识

教育从知识传授过渡到对能力培养的重视，势必推动教学方法的革新，其中，研究性教学正是深化教育创新的关键途径，亦为研究型大学人才培养的标志性特征。研究型教学融合教师的研究思维、方法及最新成果于教学中，基于研究构建教学，科研反哺教育，实现教学科研互动并开放给学生，鼓励学生介入科研前沿，于教学中，培养学生自主思辨、探索及创新精神。

首先，研究性学习是一段情感的旅程。它通过鼓励学生主动投身探究活动，亲身经历，逐步在日常与学习中培养探索求知的热情，形成勇敢探索的习惯，激

发出创新的火花。

其次，研究性学习是一次冒险的探索。在开放的学习环境中，学生寻觅问题并探索解答。这一过程不仅锻炼了学生的思维，还教会学生如何发现问题与解决问题，掌握科学方法，提升收集、分析信息的能力，善于总结，并擅长利用多元渠道有效获取信息，推动自身全面进步。

再次，研究性学习是交互式学习的实践。在这一过程中，学生与团队、同伴之间的沟通合作不可或缺，营造了人际互动与协作的沃土。它搭建了资源共享、信息交流、创意碰撞和团队协作的桥梁，提升了学生的合作意识，锻炼了解决问题、克服障碍的集体智慧。同时，这还是实操练兵场，学生需脚踏实地，尊重前人成果，严谨治学，勇往直前。

最后，研究性学习是全面素质培育之旅。实践深化科学认知，感悟科学对自然、社会的正面价值，启迪学生思考家国、世界和谐共进的宏愿。除激发创造力与实践力外，更塑建积极人生观、价值观。它还提供给学生跨学科融合运用知识的契机，加深了记忆，激扬了主动参与、创新思维的浪花。

（二）推广开放性教学

开放性教学旨在培养学生的创新思维，激发学生主动探索知识的内在动力，突破传统教学模式中不利于学生发展的局限，进而培育学生自我驱动的学习创新。开放性教学的核心理念注重以学生为中心，通过教学目标、内容及过程的开放性，超越传统课堂界限，使学生真正成为学习的主导者，自主探索、发现，从而培养创新能力。在这一模式下，教师不应受限于教材和教案，而需为学生创设广阔的发展空间，营造有利于自主学习的环境，依据学生进步情况灵活调整教学步骤，激发学习动力，促进学生积极、全面、和谐地在探索中成长。开放性教学，不仅是方法或模式，更是一种理念，旨在最大限度地释放学生潜能，通过开放的教育实践，以取得最佳学习成果为目标。

（三）开创互动性教学，提升教学质量

互动性教学在教学实践中，强调教与学双方主动性的最大化，通过双方的对话与共同探讨，促进双方共同成长，是旨在优化教学成果，协同达成教育目标的教学模式。此模式能活跃课堂气氛，实时反馈学习进展，并揭示知识掌握规律。互动涵盖教与学、理念的交锋、心理及情感互动等多层面。作为一种生机勃勃的创新教学法，它融合现代性、互动性与启发性，要求教师按计划有目的地引导学生学习，又需依据学生特性调整教学计划。它鼓励教师不断探索，提升专业素养，激发学生积极性，促进个性发展，提高教学效能，以质量为最终指向。学生是中心，教师扮演引导角色，倡导平等交流，营造无压学习环境，学生自由参与决策，助力自学与创新。

六、重视高校学生文化素质教育

学生素质教育是高等教育高质量人才孵化的核心要素，也是教育创新的关键环节，须将素质教育渗透于高校教育全过程，以实现教育体系的全面升级，达成育人的终极目标。学生素质核心涵盖文化（道德）、专业及身心三个方面，文化素质居首。文化，人类精神与物质成果的总和，活动的外在体现，观念的实体化，超越个体的存在形式，一旦形成，即跨越时空与个体，广泛传播。文化素质，内在文化知识的积累，塑造人生观、价值观的基础，行为指南，反之也受人生观、价值观影响。提升素质教育，重点在培养文化与实践创新能力，文化素质教育尤指人文，通过文学、历史、哲学、艺术、社科等人文科学教育，升华学生文化鉴赏见地、人文与科学素养。

（一）提升高校学生文化素质教育的目的和意义

国家的前行以经济发展为核心，经济振兴之匙在于科技进步，科技升腾跃动于教育奠基。由此可见，教育在国家发展图谱中占据至关重要的位置。在发展征途中，核心推手是人，是那富有知识、富有文化底蕴与创造力的社会变革者。因此，发展之根本仍归结于人的成长。高等教育，旨在孕育知识丰富、文化深厚、创新力勃发的才俊，教育殿堂孕育新知，催生生产力。其三大使命之一便是科学的推动，教育在传递智慧、培育英才的同时，也开创新理论的疆域。高校教育所培育出的各领域、各层次人才，以其文化素养在社会各角落直接或间接的作用，影响全局的可持续轨迹，教育的持续性理念即在此视角下应用于审视教育的革新与进步。在高等教育领域，我国已多维度创新，从体制运作、资金机制、教育实践、招生就业、考核体系等方面，正迈向一条可持续发展的新路途。诚然，这路非坦途，创新途中挑战重重，其中，学生文化素质教育的提升尤为关键。

（二）观念变化对高校学生文化素质的影响

我们正置身于一个社会转型的剧烈变革时代，生活方式与形态随之经历前所未有的演变。现今，社会现象与媒介导向合力，显著影响了高校学生的价值观与文化观念，并带来深刻变迁。价值观是评判人、事、物的标准体系，体现了评价原则与方法，体现于信念、理想和追求中。它在特定生产关系和利益需求的土壤中生长，引导思想抉择与行动方向。在全球经济一体化的今日，经济飞速增长，物质丰盈满溢校园，高校学生，作为社会敏感神经的末梢，其价值观持续演变。当前，经济发展、教育创新、媒介影响是大学生价值观变迁的主要推手。

文化观念是个体对文化的立场。我们应树立健康的观念，不盲目自大，也不自卑。对外来文化，不一味拒斥，亦不盲目崇拜。

（三）提升高校学生文化素质的途径

提升学生文化素质教育的核心，在于将素质教育全面渗入高校教育的每一步，旨在塑造兼具人文与自然科学素养的学生，强化其综合技能，如敏锐的观察力、分析力，研究、表达、文字驾驭、决策、组织协调，以及复杂情境处理和运用计算机及现代信息技术进行学习、工作、生活的技巧，由此实现教育的全面升级，最终达成育人为本的宗旨。提升学生文化素质，需从三个方面入手。

第一，提升学生在文化素质教育方面的素养，这就要求高等教育机构革新教育观念，强化教育创新，构建科学的课程系统，创新教学内容与方法。首要步骤是转换教育思维模式，更新教育理念。变革教育理念，应在教育中重视创新力的培养，挖掘学生潜能，让学生在教育旅程中享受创新的乐趣，积极进取，成为全面发展的个体。接着，构建合理的课程体系，创新课程内容，以课堂为核心，发挥其引导作用。文化素质的提升不能仅依赖生活体验，而需有目的性的、系统的课程设计与学科体系支持，以课堂教学为主导，达成文化素质教育。简言之，全面提升科学与人文素养是关键。教学中，强调人文与科学的融合，课程应涵盖文学、历史、哲学、自然科学等多领域，构建跨学科课程体系，拓宽文化视野，培养科学与人文素养。重视课程科学性，通过必修课和选修课让学生构建合理知识结构与坚实基础。

第二，提升学生文化素质教育，高校需强化师资队伍，确保教师具备高水平的科学与人文素养。蔡元培强调，大学是纯粹学术研究的殿堂，非仅为学历工厂，更非知识的交易场所。学者需兼具研究热忱与学者品格。"师者，传授之道，解惑之责。"教育者作为社会主义核心价值观的传播者，身教重于言传，需秉持自律、以身作则，自觉践行诚信、勤学肯干，示范所倡的道德观与价值标准，有效引领学生，提升教育的说服力、吸引力与感染力，唯有如此，方能在社会主义核心价值观教育中真正发挥作用。

第三，提升学生的文化素养教育，关键在于创新人才培育体系，将学问、能力和综合素养这三者无缝融合，并贯穿高等教育的始终。旨在促进高校学子在这三个维度上取得平衡且一致的进步，旨在培养出兼具高素养与全面发展的精英人才。培养具备优良文化素养的个体，不仅要求传授文化知识本身，还务必教导他们掌握求知的方法与技巧，确保在汲取知识的旅程中，其能力得到最大限度的激发，个人素养实现质的飞跃。这正是教育创新所追求的终极目标，也是教育本质之所在。正如蔡元培先生所言，教育的本质在于助力受教育者自我潜能的发掘，完善其人格结构，使其能在人类文化的长河中承担起一份责任，而非将受教育者打造成服务于特定目的的工具。

此外，全社会的协同努力、媒体积极正面的舆论导向亦是不可或缺的一环。惟有如此，我们才能培养出真正对社会有益、对人类有价值的新时代知识人才，进一步驱动教育领域的革新，为全社会的持续健康发展注入不竭动力。

七、人力资源强国战略推动高校教育教学创新

推进国家人才资源的强势发展，核心在于打造一流的高等教育体系。迈入 21 世纪以来，为了适应全球化创新与加速推进社会主义现代化的进程，我国明确提出并制定了人力资源强国的战略规划。

高校作为培养人才的摇篮，其根本职责在于为建设教育强国提供坚实的人才保障和科技支撑。目前，我国的高校教育已经实现了跨越式发展，我国成了一个教育大国。但要进一步蜕变为人力资源强国，还需坚持以人为本的理念，全面推进教育创新。这包括更新教育观念、突出办学特色、深化教育教学改革等多方面的内容。只有这样，我们才能将人口红利转化为人力资源优势，实现从人口大国向人力资源强国的转变。在我国高校教育人力资源开发的蓝图中，我们坚持人力资源是我国经济社会可持续发展的第一资源的战略思想。2021 年至 2050 年，将高校教育毛入学率进一步提升至 50% 以上，使我国进入高校教育普及化阶段。到 2050 年，我们期望每百万人口中科学家和工程师的人数能够翻一番，达到 3000 人左右，从而实现由高校教育人口大国向人力资源强国的历史性跨越。届时，各级教育都将达到较高的发展水平，实现从追赶到超越的战略转变，最终跻身世界教育发达国家的行列，成为真正的高校教育人力资源强国。

为实现这一目标，我国必须在全面建设经济型社会的同时，不遗余力地推动学习型社会的构建。我们将加大对高校教育人力资源的投资力度，确保高校教育人力资源在结构、总量、质量和体系上都能得到全面提升和完善。这样不仅能提升我国人民的整体学习能力和就业竞争力，还将大幅提高人民的综合素质和综合能力。最终，我们期望通过这些努力，使我国真正从教育人口大国蜕变为人力资源强国。

第三节　高校教育教学理念创新的举措

一、树立终身教育的教学理念

终身教育与终身学习的理念，已成为近现代各国教育界乃至思想界热议的焦点。这一思想强调教育的持久性和普遍性，促使联合国及全球各国将构建终身教育体系、打造学习型社会作为指导教育改革和社会发展的核心理念。终身教育的

倡导者坚信，教育和学习并非局限于特定阶段或特定场所，而是贯穿于人生的每一个时刻和每一个角落。与此相对，传统教育通常将人的一生划分为学习、工作和退休三个阶段，这种划分方式忽视了教育在人生各阶段的重要作用。终身教育打破了这种传统观念，而是认为教育应覆盖人发展的各个阶段和各个方面。这包括从纵向来看，教育始于胎教，延续至生命的终结，涉及各个阶段和各个层次的教育；从横向来看，教育则渗透于学校、家庭、社会等各个不同领域。

《中华人民共和国教育法》（简称《教育法》）明确指出，必须建立和完善终身教育体系，这是我国教育发展的重要方向。而《面向 21 世纪教育振兴行动计划》则进一步强调了终身教育的重要性，提出终身教育是社会生产力发展与社会进步的共同要求，并设定了基本建立起终身学习体系的目标。从这些政策文件中可以看出，终身教育、终身学习已经成为我们共同的教育和社会理想。作为教育领域的重要组成部分，高校肩负着发展终身教育的重任。为了实现这一目标，我们需要树立终身教育的教学理念，将各类教育形式有机结合，合理配置教育资源，并不断创新高校教育的教学模式。高校教育应紧密关注社会的发展和职业的需求，通过提供优质的高校教育、岗位培训、知识更新教育和继续教育等多元化服务，满足社会和经济发展对各类人才的需求。

在强化开放办学这一核心指导思想的过程中，我们有必要深入参考联合国教科文组织发布的《德洛尔报告》，报告中明确提到，若大学能够敞开大门，欢迎所有渴望重拾学习热情、寻求知识增长或满足文化追求的成年人，那么大学将成为人们终身受教育的最佳平台。事实上，全球众多国家已经通过开放办学的方式，成功地将高等教育从传统的精英教育模式转型为大众教育模式，甚至逐步迈向普及教育。

在我国高校教育的转型之路上，由传统办学模式迈向开放办学模式成为必然趋势。这一转变的首要任务是大力发展远程教育和网络学校，通过实施"宽进严出"的政策，确保每个人都能获得本科、专科层次的高等教育机会。远程教育和网络学校因其独特的优势——不受时空限制，能更好地满足在职人员的学习需求，从而有望成为 21 世纪高校教育发展的新亮点，逐步取代传统的函授、夜校和自学考试等助学方式。

同时，我们还应充分利用高校作为社会主义经济建设重要力量的独特优势，与企业、社会建立更加紧密的合作关系。这种合作不仅能让学校成为教学、科研和经济建设的联合体，还能提升高校教育在市场经济环境下的办学效益和自主发展能力。这样，高校教育在自我壮大的同时，也能更好地履行其社会服务的职责。此外，我们还需具备开阔的国际视野，积极推进高校教育的国际交流与合作。通过大胆吸收和借鉴世界高校教育的成功经验，我们致力于构建一个面向社会、放眼世界、兼容并蓄、博采众长的开放教育体系，使我国的高校教育在全球化时代中焕发出新的生机与活力。

二、拓展德育教育的教学模式

从职业发展理论的视角出发，高校教育在德育教育方面的成效直接关系到职场个体职业发展精神和职业道德素养的塑造。然而，鉴于高校教育对象的独特性，即他们正处于价值观形成和人生规划的关键阶段，这使德育教育面临前所未有的艰巨性和复杂性。传统的德育教育模式往往难以达到预期效果，因此，高校德育教育在高等教育中显得尤为薄弱。为了应对这一挑战，我们必须基于职业发展理论，对高校教育教学模式进行创新。这种创新的核心在于积极拓展德育教育这一关键组成部分，使其与职业发展紧密结合，从而更有效地培养学生的职业精神和道德素养。

（一）拓展德育教育的内容结构

现代德育的基石在于社会与人的现代化，其核心目标在于推动人的现代化，进而促进社会的现代化。这一德育理念必然要反映现代社会中人对于道德发展的追求，同时要响应现代社会发展的总体要求。因此，在构建高校德育内容时，我们需确保其内容的广泛性和现实性，以更好地贴合现代社会的实际需求。职业道德，作为衡量从业者道德水准的重要标准，对于劳动者的工作态度、方向及整体素质水平具有决定性的影响，因此在高校教育中占据着核心地位。此外，高校德育还应致力于培养受教育者的科学判断能力、选择能力和创造能力，帮助他们运用先进的价值理念来指导生活。随着科技、经济、社会的飞速发展，人们的生活方式、价值观，包括道德观念、道德准则，都在经历着深刻的变革。一些传统的道德观念、道德规范可能已不再适用，这就需要我们提出并适应新的道德准则和规范。例如，在科学道德、信息道德、经济道德、网络道德、生态道德等领域，我们需要制订具体的道德规范，更需要培养受教育者的道德创造力。因此，这些内容也应成为高校德育教育的重要组成部分。

（二）拓展德育教育的教学形式

在拓展德育教育的教学形式时，我们需充分整合并利用现有的教学资源和条件，对在教学实践中已经被证明有效的教学方法和模式进行延伸和发展。

第一，课堂教学是德育教育的核心阵地，我们应充分利用这一主要形式。在高校教育中，我们需要根据学生的学习特点和市场经济的动态变化，对教学计划和内容进行特别设计。德育目标应当适时调整，从传统的"完人道德"教育转向更符合现代社会的"高校道德"教育。在教育过程中，我们既要坚持先进性的引导,也要注重普遍性的实践,立足于市场经济的实际,倡导"为己利他"的道德建设目标,同时明确"利己不损人"的道德底线。德育工作的首要任务是塑造学生健全的人格,这需要我们在教育过程中始终强调。此外,我们还要注重学生的主观能动性,通过课堂师生双向互动,营造轻松、活泼的德育氛围,使德育教育更加生动、有效。可以邀请知名专家举办专题讲座,作为课堂教学的有力补充,深化学生对人生观、职业道德、现代教育教学和传统文化的理解和认识。总之,无论是在课堂上还是在课堂外,德育教育的目标和重点都应聚焦于学生健全人格的塑造。只有当学生明确认识到道德建设是人格修养不可或缺的一部分时,他们才能真正接受并内化教师所传授的德育知识。

第二,借助多媒体教学来显著增强德育教育的效果。鉴于传统的授课方式已难以适应现代高校德育教育的需求,我们需以更具感染力的方式引导学生。具体而言,我们应通过生动具体的实例来触动学生的情感,让他们通过自我情感判断来树立道德榜样,从而唤起对高尚道德行为的敬仰之情,在复杂多变的社会现象中寻找到自己的道德定位。为了实现这一目标,我们需要高度重视现代教育技术的运用和信息技术与学科资源的深度融合。通过电影、电视、教学录像等多媒体教学手段,我们可以利用声、光、图像等丰富多样的形式,以直观、生动的冲击力激发学生的兴趣,深化他们的认识,从而达到事半功倍的教学效果。此外,网络教学和远程教学也是拓展德育教育空间的有力工具。它们不仅克服了传统教育在时空上的限制,还充分发挥了网络便捷、高效、覆盖广、影响力大的优势。我们可以将专家、学者的精彩报告和德育教学录像制作成教学辅导光盘,在网站上和教学点进行播放,为广大学生提供全天候的德育教育服务。这种生动、灵活、便捷的德育教育形式极大地拓展了德育教学的空间,为学生提供了更加广阔的学习平台。

(三)拓展德育教育的评价体系

鉴于高校教育的独特属性,对学生的思想品德评估有别于一般性的评价范畴,展现出其独有的特质。因此,大部分编入教学大纲的科目,均可借助知识测验的方式进行评估;而学生思想意识的审视,则可通过日常管理中的行为评定实施;至于学生行为层面的评价,则重点依托工作单位提供的评估报告及持续的问卷追踪调研来进行。此外,为激励广大学生在思维与学术上锐意进取,可设立优秀评定与奖励机制,实行精神鼓舞与物质奖励并举。同时,对表现不佳的学生采取引导性批评教育。历经长期的探究与高校教育实践的积淀,已逐步形成一套基于职业生涯发展的高校德育教育全面评价系统,确立了一系列评判准则与标尺。

（四）拓展德育教育的管理网络

高校德育教育是一项复合且系统的任务，其有效推进需依赖院校主体、学生家庭等多方面力量的协同参与及组织管理。院校依据国家级相关规定，紧密贴合高校教育的特有属性，精心规划德育课程，确立科学严谨、实操性强的评估标准及措施，诸如配置辅导员、组织班级临时性的党组织及团建活动，以此指导德育教育的执行与理论知识的测评。与此同时，学生所居住的社区及就职单位扮演着监督与检验的双重角色，致力于平日里的思想政治培育工作。尤其，学生单位专注于日常行为及思想动态的具体评判与反馈。三者之间的默契配合与协同运作，共同编织起一张高效运行的高校德育教育管理体系网络。

三、确立多元化的教学模式

构建融合职业发展理论的高等教育教学新框架，核心在于顺应学生职业路径的需求，设计出多样性的教学策略，营造一种不受时间与空间约束的灵活学习环境。这一多元化教学模式的确立，需深刻反映高校教育的本质特征，围绕学生生活实际、个性化需求及面临的挑战展开，着重于技能提升与多维度教学方法的综合运用，打造出既富实践性又具思维启发性的教学场景。新教学模式应侧重于培养学生的批判性思维与实践操作能力，超越单纯的基础知识传授，重视问题解决策略的培养，以及增强学生在职业快速发展与多元价值观面前所需的适应力与理解力。在课程设计愿景上，应更加聚焦于综合素质的提升及基于个人自由成长的创新潜能激发。同时，将科学理性和人文关怀融入教育体系，旨在涵养学生的情操，为其职业生涯的稳健发展铺设基石。

依据学习群体的不同特性，多元化的教学模式可细分为学生为主产生的教学模式、学生为业余产生的教学模式、学生为函授生产生的教学模式。首先，针对自主型学生，教学旨在系统性地深化其知识、方法与技能的掌握，并全面提升其综合素质；课程内容组合为"基础理论+专业理论+专业技能训练"；采用的主要教学方式为"课堂教学法（主）+试验实践教学法（主）+网络教学法（辅）"。其次，对于兼职型学生，教学目标设定为较为系统地把握关键知识点，构建能够胜任专业岗位的知识架构与培养应用能力；内容设置为"基础理论+专业理论+理论应用"；主要采用课堂教学法（主）与网络教学法（辅）相结合的方法。最后，面向函授生，教学目的聚焦于理论知识的基本了解及能力的初步培养，确保学生能够基本运用理论要点；其教学方法与手段为"网络教学法（主）+课堂教学法（辅）"。

在实际操作层面，构建多样化的教学目标时，需着重考虑以下三方面因素。

第一，多元化教学模式的设计应凸显对学生实践能力的培养。考虑到函授与业余学习者大多源自生产、服务及管理的实践岗位，他们虽拥有丰富的实践经验，但在理论知识层面可能存在短板。因此，教育的核心应着眼于通过深化专业理论学习，并促进理论与实践的深度融合，以增强学生综合运用专业知识技能的能力，旨在通过学习使他们能更好地适应市场的新变化，寻找到更为满意的职业定位。在此背景下，高校教育的教学模式务必围绕"以能力培养为核心"的导向进行设计。

第二，倡导跨越时空界限的教学方式显得尤为重要。鉴于成人教育学生往往面临工作与学习的冲突，且文化水平参差不齐，这对教学组织和质量提升构成了挑战。而网络教学的引入恰到好处地解决了这一难题：它不仅打破了传统教学的时间与空间局限，为成人学习者搭建了一个无界的虚拟学习平台，还作为实体教学的有效补充，为基础知识相对薄弱的学生提供了补足知识的机会。因此，构建多元化教学模式，必须整合"虚拟学习环境"与"互动学习社群"，使之成为标配。

第三，多元化教学模式的确立，要求我们革新教育理念，勇于改革教学手段，采用那些与学生心理特征相契合，且能紧跟社会、科技、生活发展趋势的教学策略，以期达到最佳的教育效果。

四、引入校企合作的教学模式

在高等教学实践中，鉴于高校学子独特的身份属性，他们频繁穿梭于学业与职业的双重职责之中，常感时间与精力分配捉襟见肘，这一困境构成了显著的工学冲突。此外，从职业发展理论视角审视，高等教育体系必须紧扣学员对于专业理论与实践技能深化的内在需求。为缓解这一矛盾，实现学习与工作的和谐共生，并增强学生的实际操作技能，引入产学研一体化的双轨教学模式显得尤为关键，此举旨在为学生的职场征途奠定坚实基础。

（一）建立校企联动机制

合作的基石植根于互信与需求之上，而其成功之钥则在于精准挖掘协同的交汇点，缺失此环节，合力无从谈起。前人的探讨已清晰揭示，教育机构、政府机关与企业界均怀抱投身教育的意愿与条件，这一共识为构筑"院校主导、企业与政府协力支持或监督"的协同办学机制铺设了坦途，亦为实践校、府、企合作的人才培养模式清除了路障。

教育机构、政府及企业，三者共谋发展的愿景不谋而合，构成了协同行动的逻辑出发点。其中，学校的发展诉求集中体现在高素质人才的培育上，而政府与企业的前进动力同样源自对人才的迫切需求，人才便顺理成章地成了多方协作的交集点。欲促使其围绕人才培养目标紧密携手，构建一个高效的联动机制乃当务之急，这包括但不限于管理制度的优化与运行模式的创新。此外，依托现代信息技术搭建的网络沟通平台，配以信息专员联系制度及信息发布的规范化流程，对于拓宽宣传路径、确保信息流畅至关重要，是维系这一合作框架不可或缺的一环。

（二）规范校企管理模式

多边合作的稳固建立，需依托合同或协议的法律框架，形成一种具有约束力的教育合作关系，明晰各参与方的责任与权益，以此保障合作的实效性与合规性。同时，合作模式的设计需深谙高等教育的内在规律，充分考量高校学子的特性和政府、企业的实际诉求，构建以主办高校为主导，政府与企业深度参与的教学管理体系。各方需协同参与决策过程，共商重大议题，精心布局教学各阶段，以确保教育质量，达到规范性与灵活性的和谐统一。在实践操作层面，我们采纳项目管理模式，由高校教育管理部门携手企业及政府部门代表组建项目管理团队，共同研讨制订人才培养方案与管理规则，并负责具体实施。在教学活动的推进过程中，校、府、企三方面展现出高度的协同性，实时监控教学动态，确保人才培养的高标准与高质量，有力推动教育项目的成功实施。

（三）合理设置培养目标与教学计划

高等学府致力于培育既具备高尚品德又掌握实用技能，能够胜任生产、建设、管理、服务等前沿领域工作的高素质应用型专业人才。要实现这一育人目标，核心在于设计一套侧重于高级技术应用能力培养的教育方案，建立一套科学合理、内容丰富且紧贴实际的课程结构体系，精选与学生职业路径、工作岗位紧密相连的实践教学模块。因此，彻底告别传统普通高等教育的人才培育模式，转而采纳"学位＋技能"双轨并进的课程体系，融合学科理论与职业技能培训，显得尤为迫切。鉴于学生背景多样，多为各行各业生产、建设、管理、服务等领域的中坚力量，甚至不乏管理与技术岗位的精英，他们对各自职业领域、技术需求及对应知识有着深入的理解。同时，学生所属单位寄望员工通过学习取得实质进步，学以致用。基于此，在规划教学蓝图时，应当充分利用学生及其工作单位的丰富资源，邀请学生及社会各界积极参与教学计划的制订与课程设计，从而使教学方案更贴近实际，教学内容更具目标性和应用价值。经验证明，高校、政府与企业协同育人的模式是一种能够实现多赢的人才培养战略，也是推动高等继续教育事业持续健康发展的高效路径。随着科技进步、经济增长和社会的不断演进，这一模式无疑将迎来更加光明的未来。

校、府、企合作的旅程仍在探索的征途中，众多深层次议题亟待我们在实践中持续发掘与解决，诸如合作模式的优化、运行机制的顺畅、学历培养与技能训练的平衡,以及学生评估体系的完善等。我们务必在实践中勇于创新,拓宽运营的视野,主动跨越校园的界限,将高等继续教育塑造成一扇面向全社会开放的窗口,致力于为广大的社会团体与企事业单位输送更高质量的教育资源与服务。

五、以学生为教学中心

职业发展理论的精髓聚焦于个人职业生涯的成长轨迹,从根本上说是围绕人的全面发展这一核心。因此,任何源于职业发展理论的高校教育教学模式创新,都应坚持以人为本的价值导向。"教育之根本,在于启迪智慧,亲近民众,追求至善至美。"其中,"亲近民众"与"至善至美"从主观与客观层面共同彰显了人本主义哲学。秉承以人为本的原则,坚持全面、协调、可持续的发展观,在高等教育实践中,意味着教学活动需围绕学生主体开展,始于人的培养,终于人的全面发展。

这意味着,高校的教育评价体系需超越单纯的知识考核,转而关注人的全面发展,以及社会对人才多元化的需求。在职业发展理论指引下,构建以学生为中心的教学模式,势必要求尊重学生的教学评价权利,以及他们在学习过程中选择内容的自由。忽视这些,以人为本便无从谈起。对于高校学生而言,他们渴望的不是被动灌输无实际用途的知识,而是主动搜寻对他们个人成长有助益的知识。他们追求的,是一种自我选择知识、自我构建知识的自由与能力。

基于职业发展理论的高校教育教学模式构建,核心应在于强调学生实践操作技能的培育与评估。尽管高等教育与普通高等教育同处高等教育体系之下,共享某些共性,但二者作为独立的教育形态,各有其独特性。遗憾的是,时至今日,仍有不少观点试图以普通高等教育的理念、模式及标准来框定和评判高等教育,追求在教育质量和规格上与普通高等教育"并驾齐驱""等量齐观""并轨同行"。这一点在学生就业、求职挑战中表现得尤为突出。高等教育机构,出于对学生未来的考虑,往往在教学与评价中妥协,由原先的求同存异转变为全盘接纳,进而导致高等教育逐渐失去了其独特性,被普通高等教育所同化。然而,步入职场,面对实际工作,对于那些可能缺乏高学历背景和深厚文化教育积累的人来说,深入学习某一专业领域并锻造强大的实践操作能力,才是立足职场的根本,也是未来职业发展的重要基石。因此,革新基于职业发展理论的高校教育教学模式,必须坚定地将实践能力作为评价的首要标尺,确保教育回归服务于职业发展的本质,助力学生在复杂多变的职场环境中稳扎稳打,步步为营。

第三章　高校教育教学管理的问题分析与创新发展

第一节　我国高校教育教学管理的问题分析

一、目前我国高校教育教学管理的问题

从宏观上探讨，高校与政府之间存在着深刻的相互依存关系。我国的高等教育管理系统普遍采用了在中央指导下的分层管理模式。尽管当前大多数高校已能够践行民主治理与自主运营的原则，但在日常管理实务层面，高校仍旧无法完全独立于政府机构之外，这一点在政策指导、财政支持、人力资源管理等多个维度均有迹可循。

政府对高校施加影响的主要途径涵盖政策制定、法律法规制定及资金分配等；而教育本身则需遵循其特有的发展规律。政府对教育的干预，既有可能成为推动教育进步的助力，也可能带来一定的限制。为了教育的存续与长远发展，教育管理者需制定出明智的策略，而鉴于教育是一个循序渐进的长期过程，任何行政决策都应基于充分的前期调研与论证。

从微观上探讨，高等教育管理结构中民主与集权的平衡是一大课题。民主精神主要表现在两大维度：其一，学校内部权力在家长、社会与各职能部门之间的均衡配置，以及学校与政府、教职员工、管理层及师生之间权力的合理划分。其二，在权力分配的同时，责任担当的重要性不容忽视，确保权限与责任的对等，即"权责相符"。一旦失衡，便容易产生集权的倾向。因此，注重人文关怀的管理模式日益成为高校教育管理的主流趋势。

伴随高校扩招政策的实施，公平与效率、教学质量与学生规模之间的矛盾日益突出。扩招推动高等教育从精英化向大众化转型，但有限的教学资源与快速增长的学生数量之间的不匹配，直接威胁到了教育质量。为追求管理效率而采取"一刀切"的管理策略，忽视了学生的个体差异，亦成为教育管理中的一大症结。

如何在高校内维护公正，是我们必须深思的问题。

从后现代视角审视现今的高校教育教学管理，其暴露出诸多问题，下文将从五个不同维度进行深入剖析。

（一）管理结构方面的问题

我国高等教育体系在政府的主导下，形成了一种层级制的管理模式，这种模式适配了规范化的管理需求，展现了理性的管理哲学。其核心特点是构建于"权力中心"模式之上，通过严格的规章制度维系整个体系运作的桥梁和纽带。

在当代工业生产的框架内，层级制映射出对效率追求的精细分工合作图景。社会的大规模分工是时代发展的自然产物，它如同一把双刃剑，兼备积极与消极两面。积极层面，它破解了单一单元无法承载复杂内部任务的难题，确保各项职责界定清晰、运行有序，促成了效率的飞跃；而其消极影响，则在于可能引发组织结构的割裂，削弱内部的沟通与协同。教育机构作为相对隔绝的社会子系统，较少直接受到外界波动的影响，其层级体系主要体现在严格的等级制上。在此类架构下，学校组织内部形成了自上而下的合法指挥链与下级对上级的遵从义务，通过一系列规章制度将各类事务规范化，确保了校内活动的标准化与合法性，促进了结构与功能的协同发展。然而，过分倚重权威的层级体系亦埋下了隐患，可能导致过度的规则导向，引发严密监控、刚性约束及机械化的奖惩机制问题，进而引发成员间的情感疏远。这一过程若恶性循环，将进一步加剧组织内的冷漠氛围，侵蚀学校的和谐环境。具体到学校场景中，层级制的负面影响常体现为不同部门间的频繁摩擦，如管理层与教学部门、后勤与师资队伍、学生管理体系之间的不协调。在这样高度规范化的环境中，学生的个性发展空间受限，易被体制同化。必须认识到，学校作为一个有机整体，各部门环环相扣，共同服务于学生的成长目标；而过度的制度化管理不仅有碍于学校的健康发展，也偏离了教育机构的使命，即培养全面发展的个体。

（二）管理对象方面的问题

第一，当前高校的教育管理模式侧重于效率驱动的科学化管理，力图通过对管理对象本质的深入剖析来指导实践，广泛运用调研、量化评估等手段来实现目标。

然而，高等教育的管理对象——学生与教职员工，作为具备独立思想与鲜明个性的个体，难以简单地以机械化的手段驾驭。将这样一群鲜活的生命视作可以统一规格处理的对象，进行模式化的管理，实质上是对人性多样性的漠视。

第二，现代管理组织结构中的层级体系赋予了高层管理者绝对的决策权，形成了一种"策划在上、执行在下"的模式。在这种架构下，决策者远离实际操作层面，只负责规划与决策；而执行者则习惯于遵循指令，缺乏主动思考与创新的动力。随着时间的推移，组织内部容易滋生一种不愿质疑、不求创新的文化氛围，成员逐渐丧失主动探索和批判性思考的能力。层级制度的严格等级划分还可能诱使个体更关注职位晋升和个人利益，而非真正的知识创新与社会贡献，这无疑对社会的长远发展构成了潜在威胁，可能导致创新型人才的稀缺和社会进步动力的衰减。

（三）管理目标方面的问题

当前的高校教育管理体系倾向于过分依赖科学理性和量化指标。管理者广泛运用数据驱动的策略处理各项事务，通过精确的数据和可量化的指标来解析问题，却往往忽略了道德考量和价值观对教育管理的深远影响。举例来说，在学生综合评价中，管理者采用量化的手段，将学生的日常行为、学业成绩、道德观念转化为量化的分数，这种方法虽然便于甄选表现优异的学生，但其公正性与科学性值得深究。管理者很难透过这些数字洞察学生参与社团活动、志愿服务等背后的动机与心态。同样，对教师的教学与科研评价也侧重于量化的成果，而忽视了对其教育理念和科研深度的实质性评估。这种过度依赖量化的方式，无形中促进了功利主义和工具主义的蔓延，使管理的目的仅局限在满足学校的基本运营需求和维持表面秩序，管理者更像是秩序的守护者而非教育内涵的塑造者。

人，作为高等教育的核心，应当成为教育管理的出发点和归宿。教育机构存在的意义在于促进人的全面发展，故此，教育管理的过程与目标都应以人本主义为宗旨，深切关注个体的生命意义、价值观念与生活体验。仅凭科学管理的简化逻辑处理复杂的人文议题，忽视内在价值的考量，难免会陷入偏颇。管理者应当觉醒，意识到价值导向的重要性，勇于突破传统量化管理的局限，探索一条既能体现人文关怀又能促进高校教育创新发展的管理路径。

（四）管理模式方面的问题

确定性成了科层体系中另一个不利因素。这种体系加固了上下级之间权力界限的同时，也在人们心智中深植了确定性。它一方面将个体固化于既定的职能角色与组织架构之中，视之为不可动摇；另一方面，则催生了惰性心态，使个体习惯性地遵从上层指令，失去了主动思考与探索个性化路径的动力，个人的主体性与独特性随之消减，仅剩理性的遵从成为突出表现。实践中，院校管理者倾向于采用一套标准化的管理模式来统辖各具特色的教育机构，而忽略了不同学校组织的本质区别。例如，师范院校、艺术学院与综合性大学，每类学校都拥有其独一无二的特性；即便是同一所学校的各个学院、系部之间，也存在着诸多差异。遗憾的是，众多高校管理者未能充分认识到这一多样性，仍旧依赖统一的理论框架来驾驭教育管理实践，忽略了针对性和灵活性的重要性。

（五）教育教学管理队伍方面的问题

1. 学校对教学管理队伍的重要性认识不足

长期以来，教育管理这一领域未获得应有的关注与重视。不少教育机构将教学管理视作一项枯燥乏味、缺乏创新且技术含量低下的任务，仅将其定位为"事务型""经验型"的管理模式，低估了该岗位对专业素养的需求。因此，在选拔教学管理人才时，往往忽视了对其综合素质的考量，这一疏忽直接导致教学管理团队在某个阶段出现了学历水平与专业技术职务偏低的趋势，进而影响了教学管理的整体效能。特别是随着招生规模的不断扩大，尤其是在大规模扩招之后，各地院校竞相增加学生接纳量，学生人数的激增无疑加剧了教学活动的复杂程度。在此背景下，虽然许多学校致力于提升教师队伍的质量以确保教学水平，但却忽略了同步发展教学管理体系的必要性，未对教学管理人员提出相应的专业知识与技能要求，也未能充分重视他们管理知识与实践技能的培训提升。这种情况导致教学管理人员的能力提升受阻，教学管理的境界难以突破，最终成了制约高校教育质量向上攀升的一个不利因素。

2. 教学管理人员缺少创新意识

长期以来，我国根深蒂固的传统管理理念持续影响深远。在这种传统制度框架下，高校的教育教学管理人员往往被固定思维模式所局限，仅满足于机械地执行政策指令，遵循既定程序行事，对上级指示亦步亦趋，而忽略了主动探索、教育科研的创新价值，以至于创新意识渐行渐远，惰性思维取而代之。然而，步入新时代，高校教育教学管理呼唤着革新与进步。面临这一转型期，一部分教学管理人员显现出了与现代化教育教学管理需求不相匹配的问题。

3. 教学管理队伍专业思想不坚定

当前，高等学府的教学管理团队正面临专业认同感缺失及人员高流动性的问题。教学管理岗位上，许多从业者由其他职位转岗而来，缺乏系统性的专业思维熏陶；仅少数长期坚守此领域的管理者拥有管理学科背景。部分高校在人才培养上的忽视，导致教学管理岗位的吸引力大打折扣，难以留住人才。一些具备一定能力和学识的员工因感受到岗位价值未被充分认识，付出与回报不成正比，职业信念动摇不定。更甚者，尽管部分高校已将管理队伍纳入专业技术人员的职称评审体系，但针对教学管理岗位特有的职称晋升途径尚不明确，加之薪酬待遇普遍低于同等职务的其他岗位人员，严重挫伤了在岗管理者的积极性，导致其工作态度消极，跳槽意愿强烈。特别是基层教学单位（如院系）的教务人员流动性尤为显著，往往刚熟悉业务便离职，迫使院系频繁调整人员配置，严重影响了教学管理团队的稳定、日常管理工作的连贯性以及管理档案资料的延续性。

4. 教学管理人员专业知识、能力不足

高等学府作为汇聚高智商、高学历及高端人才的殿堂，其根本使命在于遵循教育与教学的内在规律，培养更多高水平的人才。现状却是大多数承担教学管理职责的人员并非出自管理专业，入职前缺乏系统、专业的预备训练，对于当代教学管理理念与方法的认知存在空白。一旦就职，他们即被淹没在纷繁复杂的日常工作、职称晋升的竞争压力以及专业发展的迫切需求之中，这不仅限制了他们进一步学习教学管理相关知识与技巧的机会，还暴露了他们在教育管理科学、高等教育学、教育心理学等关键领域的知识短板，以及在课程构建、专业发展、教材研发等方面的规则盲点。更令人担忧的是，部分教学管理人员的实践能力与现代教学管理的标准存在脱节，导致管理效率低下，无法充分发挥教学管理在推动教育质量提升方面应有的作用。

5. 教学管理人员整体水平不高

当前，我国不少从事教育教学管理的工作者缺乏一线实践经验，主要依赖自学书本知识，这导致他们在实际教学管理活动中，难以实现理论知识与实践操作的有效融合，常常仅停留在照搬书本理论的层面，未能根据实际情况灵活应用。这种状况不利于教学活动的顺畅推进，也成了制约教学质量提升的一大障碍。

6. 教学管理队伍的结构不合理

我国教学管理团队的构成主体可概括为两大类：一类源自学生事务管理部门的行政领导及负责大学生就业指导的政治辅导员；另一类则来自经济管理学领域的教育工作者。然而，当前的教学管理团队在构成上呈现出多维度的不合理现象，包括专业配比、年龄分布、学历层次与职称结构等。具体而言，非专业出身的管理干部及辅导员占据了队伍的大半壁江山；年龄层面上，多数教师集中在四十岁左右的年龄段；在学历构成上，研究生占比不足三成，博士学位持有者更是寥寥无几；职称结构则显现出初级和中级职称人员众多，而高级职称人才匮乏的失衡状态。创新创业教育的深化依托于坚实的理论研究，而教学管理人员正是这一理论探索的关键力量。因此，打造一支高素质、结构均衡的教学管理队伍，成为推动创新创业教育向前迈进的关键路径。鉴于此，如何调整与优化教学管理团队的组织结构，成为亟待我们深入探讨的重要议题。

二、目前我国高校教育管理出现问题的原因

没有任何一个国家的高等教育体系能够宣称毫无瑕疵，他们各自都承载着一系列独特且复杂的问题。那么，我国高等教育领域中教学管理所面临的困境，其根源何在？这些是高等教育体制初创时期的遗存，还是随着时间的推移逐步累积形成的呢？要想有效应对并解决当前我国高校教育管理面临的挑战，首要之举便

是追溯并剖析问题背后的深层原因。高校的教学管理，实质上是一种富含人文色彩的实践活动，它在历史的进程里镌刻下了清晰的印记。通过深入探究高等教育的起源、发展历程及其演变脉络，我们得以更清晰地透视我国高校教学管理现存问题的成因。毕竟，人类的主观认知与行为选择，在传统文化的浸润和漫长历史的影响下，不可避免地会在高等教育体系，尤其是教育管理领域内烙下深刻的印记。也揭示了文化传承与历史变迁对我国高等教育及其管理模式的深刻影响。

（一）近现代历史赋予其政治与民族色彩

我国近代历史的篇章，既是国耻的见证，也是民族自强不息精神的颂歌。尽管帝国主义的侵略给国家带来了深重灾难，但也点燃了无数仁人志士拯救民族危亡、重振国威的热情与决心。甲午战争之后，一群知识分子挺身而出，踏上了民族复兴的征程，中国的高等教育随之迈出了关键一步——京师大学堂应运而生，标志着我国首个高等教育机构的诞生。在那个风雨飘摇的时代，京师大学堂不仅承载着民族复兴的重任，还深深烙上了民族自救与政治变革的双重色彩。尽管随后的戊戌变法以失败告终，京师大学堂却奇迹般地留存下来，成为各方政治力量角逐的舞台，由此，高等教育机构中蕴含的政治民族特色，成为一道绵延至今的独特风景线。

中华人民共和国成立后，我国高等教育机构的数量与规模迅速扩张，而其管理体制则深受苏联模式的启发与影响。彼时确立的教育管理框架及理念，至今仍在一定程度上塑造着我国高等教育的面貌，其影响力不容小觑。

（二）传统的官本位文化影响

秦代可视为"官尊民卑"文化观念的滥觞。秦始皇一统六合，推行郡县制度，授权官员治理国家各项事务，官员遂成为权力的化身。汉代更将儒家学问纳入官方教育体系，至隋唐，科举功名成为儒生的终极追求，及至明清，入仕为官的渴望越发炽烈。时至今日，尽管"科举制度"已成历史云烟，但"官尊民卑"的文化烙印依然鲜明，对社会影响深远。

（三）社会现实快速发展使其具有滞后性

随着当代科技的迅猛发展，尤其是网络信息技术的爆发式增长，地球村的概念日益深入人心，全球化的脚步日益加快。中国亦正处于前所未有的快速发展轨道之上，自改革开放的号角吹响以来，伴随经济体制的根本性变革，政治生态、文化风貌等多领域均迎来了翻天覆地的变化，高等教育管理亦面临着诸多新挑战与要求。

若高等教育管理无法紧跟时代的步伐，灵活调整策略与思维方式，诸多难题与"瓶颈"将接踵而至。过往的高等教育管理体系，已难以适应当前市场经济体制的内在需求与外部环境，改革与创新迫在眉睫。

随着社会主义市场经济体系的不断壮大与对外交流的加深，自主管理权限日益成为众多管理机构关注和倡导的焦点。要实现这一目标，离不开有力的组织架构作为支撑。要在当今社会全面推行法治国家、法治校园的建设，无疑需要克服更多的困难，付出更为艰巨的努力。新时代背景下，新的挑战层出不穷，我国高校教育改革还有很长的路要走。

第二节　高校教育教学管理的变革发展

随着改革开放进程的不断加速，高等教育体系正经历一场从应试教育模式向素质教育模式的重大转型，秉承"人本为先"的核心理念，彰显出现代人本主义管理思潮的蓬勃生命力。为了与这一教育变革趋势相适应，当代大学生教育管理领域正积极开展理论的勇敢尝试与实践探索，力求与时代同步。面对高校教育教学管理中存在的实际挑战，我们必须深入探讨当前高校教学管理体系改革的迫切需要及其可行路径，旨在为高校教学实践提供更为坚实、更具前瞻性的理论导向，从而确保教育改革不仅能促进学生的全面发展，还能显著提升教育质量和管理效能。

一、高校教育教学管理改革的必要性

在高等教育蓬勃兴盛的当下，大学的核心使命聚焦于教学活动，而教学质量则是维系其生命力与持续发展的命脉所在。随着经济环境与社会需求的快速变迁，确保并提升教育质量面临着前所未有的考验与挑战，这无疑对高校教学管理的革新提出了迫切要求。因此，推动高校教学管理的改革不仅是顺应时代发展的必然选择，更是关乎教育质量持续提升的关键举措。

二、高校教育教学管理改革的策略

提升教学质量成为教学管理的核心追求，而这一目标本身就是一个多维度、综合性的考量，涉及师资力量的强弱、教学设施的先进性、现代化教学方法的应用、教育理念的前瞻性、管理机制的有效性、专业结构的合理性、课程与教材内容的创新等多个关键要素。鉴于此，我国高等教育领域的教学管理改革需从全方位出发，具体策略可归纳为以下六个要点：

①明确定义教学管理的核心职能，确保其服务于教育质量提升的根本目的。

②优化教学资源配置，确保资源能够高效、均衡地支持教育活动。

③强化教师团队建设，注重教师队伍的专业成长与综合素质的全面提升。

④构建科学的教学评价系统，以客观、公正的标准衡量教学质量。

⑤营造良好的学术风气，以及积极向上的学习与研究氛围。

⑥融合传统与现代教育模式，利用新技术创新传统教学管理，促进教育方式的现代化转型。

三、当代高校教育教学管理的改革

随着教育改革的持续推进与深化，现代教育观念亦在不断地演进与迭代。当前教育领域涌现出三大新兴理念：创新导向教育、终身持续教育及综合素质教育。其中，高等教育机构扮演着实施素质教育与鼓励创新教育理念主力军的角色；而终身教育理念的提出，响应了知识型社会的需求，其实践范畴超越了传统校园教育的界限。这些新教育理念与现代社会对复合型人才培养的诉求不谋而合。然而，实施这些理念的进程却受到现有教育管理模式的制约。因此，探索与现代教育新理念相匹配的教育管理模式，对于促进这些理念的有效落地至关重要。

（一）针对素质教育的教育管理改革分析

①转变思想，将素质教育融入教育管理改革。

②完善教育管理体制，强化素质教育实施。

③加大教育投入力度，改善办学条件。

④建立素质教育运行机制。

⑤提升教师素质。

⑥改革考试与评价制度，以适应素质教育的需求。

（二）针对创新教育的教育管理改革分析

推广创新教育是时代发展的必然趋势，而我国在其实践进程中遇到的种种挑战也不容忽视。为通过教育管理的革新促进创新教育的全方位实施，可采取以下七项关键策略：

①强化宣传引导，普及创新教育理念，破除"分数至上"的传统偏见。

②转换教育视角，确立"学生为中心"的教育理念，关注学生的全面发展。

③重构课程体系，强调课程的综合性与多样性，以适应多元化学习需求。

④激活课堂教学，作为创新教育的主阵地，焕发课堂生机与活力。

⑤革新教学模式，倡导创新思维训练，培养学生的个性与创新能力。

⑥推行开放式教育，借助多样活动平台，激发并提升学生的创新潜能。

⑦重塑评价体系，从单一的知识与智力评价转向弹性、多元的评价标准，以

全面衡量教育成效。

四、当代高校教育教学管理观念的变革

在高校教育管理的实践中，"以人为本"不仅是核心的价值导向，也是一种实践策略，在引领教育管理中展现出多维度的意义：

①教育的起源与演进，根植于社会进步与个体成长的双重需求。社会与个体作为教育的双元主体，共同驱动着教育的发展进程。

②教育的终极目标，旨在促进人类社会的绵延与繁荣。这一宏伟愿景的达成，依托于培养符合社会期待的人才，从而确认了人在教育活动中的核心位置。

③全面增进个体的综合素养，是孕育社会所需人才的必经之路。基于此，大学教育的根本任务在于培养既拥有独立人格又能创新创造的学生，赋予他们成为社会进步的主动参与者和创造者的能力。

（一）由"以事为本"转变为"以人为本"

在当代大学生的教学管理实践中，"以人为本"的理念应当渗透于基层导向、教学实践及服务对象的核心之中，这意味着所有教学管理政策、制度及举措的制定与执行，都应立足于增强教师教学的自主创新性与学生学习的主动积极性，旨在培养学生的实践技能与创新思维，最大化地激发个体的创造力与能动性。因此，"人"应当成为现代高校教育管理理念的核心，围绕这一核心，采取参与性和民主化的管理模式，确保教师不仅深度参与到教学管理中，还能对学校重要管理决策发表见解，为教学管理工作提供宝贵意见，从而保障教学质量的不断提升。管理者与被管理者之间的联系包含着工作维度与人际维度的双重属性：前者侧重职责分明，后者则侧重情感沟通。在教学管理的实践中，管理者需巧妙平衡这两种关系，既要重视人际的相互理解与情感联结，营造和谐氛围，也要坚持工作原则，严谨履行职责，确保管理工作的有效性和教育活动的顺畅进行。

（二）坚持"教师主导，学生主体"的教学原则

在秉持"教师主导，学生主体"的教学原则下，强调学生的主体地位意味着在学习旅程中，学生应成为认知活动的主导者，其思维活动和认知发展过程占据核心。教学成果的衡量标准在于学生实际获得的知识与素质提升，而非教师教授的内容，突出了学习成果的个性化与实效性。这一教育观念的根本性变革，实质上是"以人为本"理念在教学管理实践中的深刻践行。以学生为主体，还意味着激发学生的自我驱动力和创造性学习潜能；教学模式从单向的知识灌输转变为互动参与式学习；评价体系从侧重教师讲授与学生吸收知识的成效转变为侧重评估创新思维与实践技能的培养成果；考核目标不再局限于知识记忆能力的验证，而

是扩展到实践操作、批判思维与创新意识的培养；至于大学生的就业与创业教育，更应侧重于启迪新的经济增长机遇，培养学生的自主创业精神与开拓进取能力。

五、当代高校教育教学管理模式的变革

在当代高校教育教学管理模式的转型升级中，寻求严明与宽容的平衡变得尤为重要，这意味着既要有严格的规范体系和公平一致的标准，又需融入灵活管理策略，以培育创新型人才。因此，教师在教学管理中需巧妙融合严谨性和灵活性，为学生的个性张扬开辟时间和空间，营造一个宽松包容的环境，有利于创造性思维的萌芽与茁壮成长。相较于工业时代"标准化"教育所采用的刚性管理模式，当今教育更多基于对创新的激励，追求更高层次的理论指导下的柔性管理方式。故此，教学管理模式革新的关键在于软化那些过于刚性的制度框架。在深化教学改革的浪潮中，教师角色举足轻重，高校管理者理应激励教师主动投身于这一变革之中。然而，现行的管理制度却在某种程度上构成了改革的绊脚石。以多数高校为例，教师的薪酬与奖励主要依据授课量来计算和调整，这种机制在无形中抑制了教学管理改革的动力。教学改革要求教师投入大量时间、精力去开发新教材、设计新课程方案，这无疑加重了教师的工作负担，但在现行的工作量评价体系中却未得到合理体现，进而影响了教师参与改革的积极性。因此，探索并实施能够激发或提升教师参与教学改革积极性的政策措施，成为当前教学管理改革亟待深入研究与解决的核心议题。

如今，众多高校正积极推进课程体系的多样化改革，如增设选修课程、推广主辅修制度、引入第二学位及学分制等，旨在丰富人才培养模式。然而，一个显著的矛盾在于，尽管课程选择范围扩大，但学生课业负担并未减轻，导致他们难以腾出时间和精力投向真正感兴趣的课程。学分制虽为学生提供了广泛的学习机会，但由于必修专业课程密集，学生难以提前完成学分修读。因此，革新现有的教学管理体系与教学方法，成为推动教学改革向前迈进的关键突破口。

六、当代高校教育管理系统的变革

将前沿的教学理念成功融入人才培养体系，很大程度上得益于高校教育管理部门的高效组织与协同作用。具体来说，教学管理部门的核心职责之一是设计并实施人才培养方案，这一过程需紧密围绕培养创新型人才的需求，同时确保各方面资源与目标的协同一致，这对教育改革的深化具有至关重要的影响。在内容革新之外，教学方法的改革也是高校不可忽视的环节。从评价体系来看，传统的教育模式侧重于知识灌输，而这显然不足以激发学生的创新活力。相比之下，培养

实践与创新能力要求采用讨论式、启发式教学，鼓励学生手脑并用，旨在激发他们的独立思考、自主学习能力，以及发现问题、提出并解决问题的天赋。

因此，高校教育管理部门必须依托现代教育理念，对教学活动进行审视与诊断，以激发教师投身教育改革的积极性，并重新构建教师教学成效的评估体系。同时，教学改革的资金投入应侧重于对创新教育的促进。为了提升学生的创新意识与实践技能，高校应构建现代化教育技术支持平台。与传统模式侧重教师传授相比，创新型人才培养更重视学生的主动学习。故此，高校教学管理需兼顾教与学的双重管理，尤其要加强对学生学习活动的指导，关注学习策略、态度、习惯、成效及学风等多个维度。在人才评估标准上，传统模式常以听从、乖巧和成绩优异为好学生的评判标准，这种单一机械的评价方式容易束缚学生个性，压抑其创新潜能。

所以，高校教学管理需正面引导，鼓励学生的个性发展，为学生个性塑造、兴趣培养、潜能开发以及创新力与创造力的培育提供肥沃土壤。同时，高校应构建一套科学的评价体系与方法，旨在促进师生创造力的充分释放与展现。

七、高校学生管理制度的变革

（一）改革学生管理制度的意义

在深入比较国内外学生管理体系，并细致审视我国高校现行学生管理制度的基础上，可以明确指出，我国高校亟须对现有管理制度实施有力的改革措施。倘若对此置之不理，现行的学生管理制度不仅可能削弱管理效能，更会波及人才培养的核心——教育质量，并产生深远影响。

首先，学生管理制度的革新是为了响应社会主义市场经济环境下学校教育的新要求。随着社会主义市场经济体系的确立，社会对学校培养能够适应市场经济发展需求的人才提出了迫切期望。面对这一崭新挑战，学校必须适时调整管理制度，否则将难以担负起时代赋予的培养未来人才的重任。学生管理体系作为学校管理体系的分支，直接承载着培育人才的重任，因此其改革显得尤为重要。而且，伴随市场经济的成型，招生、就业指导及教育管理等领域出现了一系列新问题，这些都是原有经济制度下学生管理机制难以应对的现实挑战，迫切需要解决。

其次，改革学生管理制度也是学校全面优化管理工作的内在需求。理论与实践均表明，管理效率的提高依赖于两方面：一是系统内部及其子系统间的协同合作；二是决策、执行与反馈过程的时效性和准确性。学生管理作为学校管理体系的关键组成部分，不仅需要自身高效运行，还需要为教学、后勤等部门以及校方决策提供准确的信息反馈，以促进管理工作的全面改进。因此，要实现学校管理工作的全面升级，学生管理制度的改革势在必行。

最后，学生管理制度的改革是顺应教育现代化进程的必然要求。我国教育体系的未来发展务必与现代化同行，这不仅意味着要培养出能够满足现代化建设需求的人才，还体现在教育理念、内容及手段须持续迈向现代化。如此一来，学生管理制度自然也被赋予了现代化的使命。若管理制度无法满足现代化的标准，培养符合时代要求的栋梁之材将困难重重。同时，教育理念的创新、内容的更新及教学方式的现代化，也对管理制度发起了改革的强烈呼唤。这些改革要求具体体现在：学生管理制度需融入先进的教育理念与丰富的教育内容，确保教育措施得以有效实施。

（二）改革学生管理制度的设想

改革学生管理制度的构想可概括为三大核心策略。

①专业化领导体系：关于学生工作的领导机制应实现专门化，即在高校内部设立专注于学生事务的领导岗位，其职责集中于管理学生的非学术活动与课外事务，避免与其他职责交叉，确保专注度与专业性。

②多中心组织结构：在学生工作系统内部组织架构上，需构建多中心模式，意味着大学应整合与学生事务相关的管理职能，通过重组学生事务部门及相关单位，形成一个协同高效、有机联动的管理体系。

③直线管理强化：高校学生管理实践应向直线管理模式转变，即从目前校、系两级混合管理的"条块结合"模式，转变为以校级直线管理为主导，减少管理层级，实现更直接、高效决策与执行，以提升管理效能。

第三节　高校教育教学管理的创新模式

一、高校新型教育教学管理模式

（一）高校新型教育教学管理模式的目标

高等教育机构追求的新型教学管理模式旨在践行科学发展观，提升教学质量，促进学生全面发展。因此，评估教育教学管理模式是否契合高校教育的标尺在于它是否符合先进文化导向、促进生产力进步及维护群众根本利益，更深层次的，其核心在于追求何种目标。理论框架下，新型教育教学管理模式的追求目标概览如下。

①增强学习自主性与灵活性：赋予学生选择教师和课程的自主权，增强学习的灵活性，以提升学习兴趣及学习质量。

②教学质量评价创新：通过量化教师选课人数作为教学水平的客观评价标准，引入市场竞争机制，将教师课酬与选课人数挂钩，旨在优化教师队伍，激励教学，提升课程教学质量。

③灵活学分制度：实施学分制，赋予学生更多选课自由与自主学习空间，以适应当代教育市场和社会发展需求。

④促进建设性竞争文化：实行教师挂牌制，激励明星教师涌现，激发学生学习热情与教师教学创新，同时为名校建设铺路。

⑤目标导向与量化管理：部分管理领域实行目标化管理，采用量化考核减少主观干扰，确保公正公平，但需注意在不可量化的教学活动中融入模糊管理思维。

⑥需求导向教学：依据学生和社会需求制定教学方法，评估标准包括知识传授效率、应用能力、创新思维的正确性以及是否符合社会人才需求。

（二）新型教育教学管理模式的管理政策

①在课程规划与管理方面，大学宜推行基础课程跨班级共享，专业课程跨年级界限的模式，旨在营造学生自主选课的广阔空间，赋予学生选师择课的自由，为真正意义上的学分制打下坚实基础。

②大学采取同科目并行教学的管理模式，便于学生比较教师优劣，择优选取，同时激励教师个性化教学，顺应市场需求整合知识创新，提升教学技艺，创造有利的教学环境。

③在教学管理上，大学应聚焦教室现场，实行目标导向的管理模式，通过量化数据统计，实现管理指标的数字化，以精准化管理为目标。

④考试制度上，大学构建职责分明的命题委员会，实行命题、监考、阅卷、统分分离的"四环节分离"制度，确保每位教师在统一考试中承担不同角色，彼此独立作业，以维护考试的公平与公正性。

⑤教师绩效与薪酬分配方面，管理机构依据每学期各教室学生听课总数，实施教师计分制考核，据此汇总统计，制订浮动课时费机制，采取阶梯式奖惩结合方式，体现教师教学层次，促使教师适应市场发展节奏，创新教学方法，更新教育理念，确保教学竞争机制科学有效，促进教学质量提升。

⑥实行教师动态竞争机制，即每年依据学生选课情况客观评价教师表现，并组建教师评审团，将排名靠后的岗位公开于校内外招募，形成教师循环竞争的生态，为学生提供更多选择余地，为教师拓宽竞技场，以学生为中心，激发教师潜能。

⑦教学内容布局采取双阶递进策略，旨在强化知识运用与创新力培养。以四年制本科为例，前二年奠定基础，入门级课程先行；第三年深入专业领域，探索

先进知识，提升层次；末年则聚焦专业实践，锻炼创新应用能力。

⑧校方管理需根据学生学习能力及社会人才需求，灵活调整课程内容与课时，将教学规划转为指导性蓝本。举例来说，对逻辑性较弱、适宜自学的课程，应适度削减课时，预留充足自学时长，体现现代学习自主性；反之，逻辑性强的课程则增补课时，紧跟市场变化，灵活调整。

⑨毕业证书的分级与阶段化发放机制。这涉及将毕业证书根据学生累计学分高低进行等级划分，旨在确保评价的公正性，同时便于社会各界对人才的精准选拔，避免对学绩不佳者可能带来的负面影响。阶段化发放则指在学生最后学年下半学期，全校统一预发临时毕业证明，以利于学生求职，促进理论与实践的融合，通过实操实习实现真正毕业，增强学生的适应能力与创新能力。

⑩高校应强化学术出版物管理，增加刊载量，积极创办学术杂志，鼓励学生将高质量论文发表在学术期刊或特刊上，对学生的学术成就给予表彰，以此激励学生学习的积极性，为发掘与培育优秀人才创造良好环境。

二、多校区高校教育教学管理模式

随着高等教育的广泛普及，一校多区发展模式已成为现代高校扩张的趋势。此模式不仅缓解了教育资源的紧张局面，拓展了教育发展空间，还增强了高校的竞争力。然而，多校区并存也衍生出管理上的新挑战。因此，深入研究多校区教学管理的新模式，成为当前学术界与教育界亟待攻克的关键议题。多校区大学定义为一个法人实体下辖多个地理位置独立的校区。这种布局优化了教育环境，增强了高校吸引力，应对了部分挑战，但在构建高校管理模式上，全球并无统一的模板可直接借鉴。

各高校必须依据自身的实际情况，勇于探索并创新出适合自身发展的管理新模式。

（一）国内外多校区高校教育教学管理模式

多校区教育是高等教育演进中的一种普遍现象，广泛存在于国际教育界。

1.国外高校多校区教育管理模式概览

（1）事业部型的管理模式

该模式构建了一个四级组织架构，即校总部、分校、学院和系部。其中，校董会位于顶层，负责全局战略决策、资源调配及校长任命等重大事项。校长由董事会提名，负责全校性事务，对接董事会，而各分校校长则作为分校领航者，享有高度自治权，负责分校日常运营。此模式适用于大型教育机构，带有联邦分权特质，校总部把控宏观战略，各分校在日常运营上相对自主。它确保了战略决策的精准性与分校活力的激发，但也有其局限性。分校的高度自治可能导致决策偏向局部利益，忽视整体利益，不利于校区间协同与学科交融。

（2）一校多制型的管理模式

在此种管理模式之下，董事会作为最高决策层，扮演着核心指挥棒的角色。其下设有一个由董事会提名、集合了多位学术精英与社会贤达的顾问团体，称为智囊团，旨在提供智慧支持。校长则担任整个学校的领航者，麾下配置有六位关键行政副手，分别掌管科研推进、财务管理、投资战略、教育事务、发展规划、法务事宜、学术项目及公共关系、校际合作等关键领域。这种"一校多制"管理模式特别适合于资金来源多渠道、投资模式多元化的教育机构。它通过这种独特的管理结构划分，为学校管理活动提供了灵活性与便捷性，注入了强劲的发展动力。

德国、美国、法国及日本等国的多所知名学府均采用了多校区管理模式。以日本东京大学为例，该校由三大校区构成。主校区集聚了大部分校务机构，是高年级本科生教育、研究生教育及科学研究的主阵地。另一校区侧重基础教育，构建了综合教学体系，统一高标准的教学环境是其教学质量的基石。第三个校区则以应用科研为重，专注于研究生培养及重点科研项目。三校区各司其职，优势互补，形成协同效应。再如美国加州大学体系，涵盖九个独立校区，彼此间无上下级划分，各自拥有特色鲜明的学科布局。加州大学借助信息网络系统，将多学科资源融为一体，实现办公、图书馆资源共享，乃至接入全美信息网络，形成了紧密的互联体系。

基于上述两所高校的教学管理实例，多校区模式为社会贡献了更为丰富的科研资源、教学质量与公共福祉。校区的扩展不仅接纳了更多求学者，显著提升了科研成果，而且促进了高等教育的普及与深化。多校区办学顺应时代需求，既激发了校际竞争力，又加速了知识领域细化与学科融合的进程，因而蔚然成风。然而，多校区模式并非完美无瑕，它面临诸如各校区间高昂运营成本、职能重叠等挑战。

2. 国内多校区高校教育教学管理的基本模式

在中国，鉴于多校区大学中主校区与分校区在教学管理职责上的区别，它们所拥有的管理权限也随之有所区别。基于此，当前我国多校区的教育教学管理模式大致可以归纳为以下三类。

（1）相对集中的模式

中央机构握有最高的决策权柄，负责统揽全局，统筹整个学校的管理，而各分校区的权限则居于中央之下，遵循中央的统一部署来组织教学活动与日常管理。在此架构中，学校的整体发展规划、学科建设、教育资源的配置以及教育管理政策皆由校级领导层面统一规划与执行；学院则作为次级管理单元，负责具体教学与科研活动的实施。这意味着所有分校在统一的管理框架下协同进行教育教学管理。该模式优势在于职责清晰、管理既集中又适度分散，既增强了学术水平，又确保了政策规划的有力执行，以及校区间学术资源的协同分配。不过，由于地理位置跨度广，信息传递与交通不便，也可能导致管理难度增加、协作不够顺畅及效率降低的问题。

（2）相对独立的模式

在总校的宏观指导下，各分校区维持相对独立运作，拥有各自的管理体系，享受充分的自治权，而总部则主要负责提供战略性指导方针。此模式特别适合学科门类繁多、统一管理难度大的高等教育机构。多校区的分散管理模式不仅激发了高校的内在活力，还促进了分校间学科的交叉渗透和教学与科研活动的深化。此模式有助于缩减管理层次，降低成本，提高决策效率，并加速执行。然而，增强分校区的自主管理权限也可能导致管理权力分散，引发腐败风险，影响跨学科统一规划和协同运作的效率。

（3）混合的模式

这是一种融合集中与分散优势的中间模式，既便于统一调配资源，又激发了分校的灵活性与能动性。其益处在于强化了全局视角下的战略规划与分校间的协同治理。实施时，确保职责权力清晰是关键，否则，易引发管理疏漏，不仅影响教学质量，更可能阻碍学校的整体发展进程。

（二）多校区高校教育教学管理模式的不足之处

1. 不利于专业建设协调发展

专业领域构成了高校的基础骨架，而专业设置则是教育资源的承载体，因此，专业建设对于高校的教学管理至关重要。在单一校园的环境下，专业的结构越稳固，教学管理的复杂度越低，越易于掌控与协调。相反，在多校区的大学中，专业门类繁多且分布广泛，易导致相同专业在各校区之间孤立而不整合，给教学管理带来困扰。

2. 教学管理权力过度集中

在大学教育管理中，权力的集中与分散是一对矛盾体。我国传统上倾向于采用集权式管理方式，但随着教育管理的演进，集权模式的缺点日益明显，分权式管理的需求日益高涨。多校区办学模式下，由于规模庞大，所以集权管理不仅未能跟上发展步伐，反而成了绊脚石。

3. 教学管理成本的上升

多校区大学常因地理分布原因，给师生员工跨校区的教学活动带来诸多不便，如交通难题、耗时耗力等。物理空间的距离增加了校区间的沟通成本，间接加重了学校的经济负担。

4. 教育教学管理效率降低

效率降低主要体现在两个关键点上。首先，原单一校区历经一段时间的发展，管理模式已趋于成熟稳定，而新增校区无疑打破了这种稳定状态，使教学管理的复杂性骤增，间接引致管理效率的滑坡。其次，在管理结构层面，分校管理的中枢通常设立于主校区，当主校区与分校区之间存在较大地理间隔时，这种空间距离无疑加剧了教学管理的难度，进一步增加了操作层面的复杂性。

（三）多校区高校教育教学管理模式的原则

在构建多校区高校的教育管理模式时，管理者需兼顾学校的运作机制与管理效能，确保其既能贴合实际，又能发挥预期功能。具体而言，应遵循以下核心原则。

1. 整体性

多校区模式要求管理者实现思想的深度融合，确保教育资源与专业结构的合理配置，各校区协同一致，从而提升办学的整体效能，推动大学的全面进步。

2. 多样性

鉴于各校区的独特性，形成了多元的校园文化背景，所以应在保持整体一致性的同时，鼓励各校区发展具有自身特色的管理模式，保持灵活性与创新性，增添管理的生机与活力。

3. 高效性

在高校管理中，效率是衡量教学管理模式有效性的重要标尺。惟有提高管理效率，方能催化办学效益的提升，确保教育资源的最优化利用。

（四）多校区高校教育教学管理模式的构建

多校区高等教育机构所追求的教育教学管理模式核心在于优化配置稀缺教育资源，以高效且高质量的方式达成教育管理的既定目标，确保教学活动的高效执行与资源利用的最优化。

1. 实现信息化教育教学管理

多校区大学的教育教学管理模式覆盖领域广泛，其运行中伴随挑战，如教育资源的分散性、管理灵活性带来的变数等。为了高效且保质保量地完成教学管理任务，同时削弱不利影响，高校必须重视信息流通，构建一个高效的信息化管理平台。这意味着要充分利用计算机网络技术、现代化教学管理软件、电子图书馆系统和远程会议技术，确保教学管理信息流畅，实现办公自动化、会议云端化、教学空间限制的突破，从而跨越传统教学管理的物理局限。

2. 促进学科融合，优化学科结构

学科配置是教育教学管理中的核心议题与挑战所在。各分校区依据自身特色发展，形成了差异化的强势学科领域，且学科实力参差不齐，即便是相同学科，其研究焦点亦各有侧重。故而，实现学科的有序规划与均衡发展，促进学科间的深度融合是关键所在。优化学科架构需遵循三项原则：第一，促进教师思想的交汇融合；第二，学科间应保持相互尊重与认可；第三，强化跨学院的横向沟通与合作。

3. 强化扁平化管理原则的执行

在多校区大学中，教学管理团队庞大，易滋生责任推诿现象。因此，实行扁平化管理原则至关重要，能够确保职责清晰、岗位设定合理、运作精简高效，实施责任追溯与目标管理，促进各校区间的无缝协作，能够提高整体运行效率。

4. 提升管理人员综合素质

教学管理团队的素质直接影响多校区模式的运作效率。当前，高校教学管理人员素质层次不一，故需依据岗位特性，加强团队建设，构建结构合理、素质优良、具备职业操守的管理队伍。管理人员自身亦需不断学习，提升业务知识与管理水平，勇于迎接新挑战，以保障管理工作的高效顺畅运行。

第四章　高校学生教育工作管理的实践发展

第一节　高校学生教育工作管理的内涵及特点

一、高校学生教育工作管理的内涵

高等教育机构中的学生教育工作管理聚焦于大学生日常事务的引导与优化，旨在通过规范行为、提供指导与服务的综合手段，推动学生的全面发展。此领域可宽泛或具体划分：宽泛层面的学生教育工作管理涵盖了思想政治理论教育、日常管理实务、成效测评与学生个性化成长辅导等诸多方面；而狭义上的学生教育工作管理，则特指那些直接关联学生日常监管的活动，例如，班级文化建设、奖惩制度的实施、经济援助分配、安全意识教育、宿舍生活环境管理、生活便利服务供给，以及职业规划引导等，全面覆盖学生校园生活的学习与生活维度。本书探讨的焦点，正是狭义范畴内的学生教育工作管理。

（一）理想信念的铸就与道德品行的培育

理想信念犹如心灵的灯塔，引领个人前行之路，而高尚的道德品质则是行动的标尺，丈量着每一步足迹。在针对高校学子的教育工作管理中，管理者需着力于构建富含底蕴的校园文化生态，营造一个雅致的文化环境，并以此为土壤，滋润学生心田。通过文化的潜移默化与积极导向，塑造正面舆论环境，并借由精心策划的文化活动，作为加强思想政治教育的有力载体，深化教育内涵。

（二）法治精神下的校园治理与权益守护

践行法治校园，意味着在高校的日常管理实务中，清晰界定学校与学生的法定权利与责任，确保每位学生的正当权益得到充分尊重与维护。依托法律法规与校内规章制度的框架，公正合理地实施奖励激励、经济援助及纪律处分等措施。特别是在处理影响学生权益的关键事项时，如学生纪律处分，必须遵循严格的法定程序，保证处理流程的透明与公正，筑起一道坚不可摧的防线，使每位学生的合法权益免受侵害。

（三）学业监管与学术导航

随着高校教育体制深化改革的步伐加快，特别是弹性的学制安排与学分制的推广，高校在学籍管理上展现出前所未有的灵活性，诸如跨院校选课、跨学科探索，以及主辅修制度的融合，均为促进学生全面发展开辟了新路径。教育管理者应聚焦于优良学风的营造，激励学生置身于一个积极向上、竞相进取的学习环境之中。在此基础上，提供密集型、前瞻性的学习支持，旨在引导学生掌握自我驱动学习的艺术，树立终身学习的价值观，为他们的知识探索之旅保驾护航。

（四）就业指导和就业服务

在学生教育管理工作中，职业规划与就业占核心位置，尤其在当前就业市场挑战加剧的背景下。高校需建立健全就业指导服务体系，设立高层直管的专项部门，以确保该领域工作的高效运行，并从战略高度受到重视。此部门需全面覆盖从在校生的职业生涯早期规划指导、就业市场动态的精准捕捉、实习实训平台的搭建，到毕业生就业策略的个性化咨询、职业发展路径的深度规划等关键环节，旨在为学生铺设一条从校园到职场的顺畅桥梁。

（五）勤工俭学和贫困生资助

在学生教育管理的框架内，对经济困难学生的资助及实践性学习机会的提供同样是不可或缺的一环。管理部门需依据学生的具体需求及学校的政策导向，优化助学贷款流程，开辟"绿色申请通道"，并广拓勤工俭学岗位，以增强学生的自给能力。此外，应严格执行国家奖学金、助学金及校内贫困补助的分配制度，同时建立健全突发事件应对机制及临时经济援助体系，确保遭遇家庭重大变故的学生能够得到及时且特别的关怀与帮助。

（六）日常生活支持与身心培养

高校教育的全面发展视角要求学生教育工作超越学术范畴，融入生活服务与心理健康的全面培育。管理部门应与校园各服务单元紧密协作，不仅满足学生基本的生活需求——如衣物、餐饮、住宿、交通等，更要引领学生形成积极健康的生活方式。通过校心理咨询中心的多渠道、多样化努力，普及心理健康知识，提供心理咨询，强化对学生心理健康的干预与引导。构建一个信息畅通无阻的网络，促进思想教育与心理健康教育的深度融合，以此提升学生教育管理的整体效能，培养心智健全、全面发展的未来人才。

（七）校园秩序与课外活动

教育机构需致力于营造一个健康和谐的环境，以促进学生的成长与学习。学生教育管理者需积极发挥作用，引导学生主动遵守校园规章制度，提升个人品德，共同维护校园秩序。同时，学校应积极倡导并支持学生社团举办有利于身心健康的各类活动，并对活动进行有效管理和指导，确保其合法性与科学性。通过参与多样化的社团活动，大学生不仅能在人际交往和社交适应性上得到实质性的提升，更能促进个人的全面发展。

二、高校学生教育工作管理的特点

大学生群体以其思想活跃、个性鲜明著称，拥有独树一帜的特质。针对大学生身心特征制订教育方案，是确保高校学生管理工作顺利推进的基石。鉴于个体成长背景与教育经历的差异，学生价值观与思想观念展现出多元性与差异化，具体表现在：理想与现实的鸿沟让他们怀揣理想却常陷于选择困境；虽能分辨是非，但自制力与自律性有待加强；实用主义倾向明显，关注个人利益优先；个人主义凸显，强调自我，独立性与依赖性并存，急切踏入社会却面临经济未独立的尴尬；适应新鲜事物能力强，而心理韧性偏弱。学生教育工作管理需契合学生特质，满足其需求，这是取得实效的关键。因材施教，使学生管理工作更显专业且可行，助推高校教育目标的圆满达成。高校学生教育管理工作具有以下特点。

（一）教育性

高等教育机构学生教育管理的核心任务旨在培养德才兼备的高素质人才，服务于社会主义现代化建设。教育工作者需通过教育引导，提升学生的科学文化素养，塑造高尚品德，坚定正确的政治立场和宏伟的理想信念，全面促进学生素质的提升。简言之，学生教育工作管理的精髓在于通过教育引导，加速高校管理目标的实现。

（二）开放性

高校学生教育工作管理展现开放性特点，其日常活动形式多样，途径多元。教育不仅限于课堂，还包括校园文化活动的组织，以及学校、社会、家庭等多维度的联合教育。管理者应擅长整合利用各类资源，精于协调，形成协同效应，共同推动学生教育管理工作的高效发展。

（三）持续性

高校学生教育工作管理是一项错综复杂的系统工程，每项任务的执行均需围绕学生教育的宏观目标，体现管理成效，并促进学生的全面发展。建立持久有效的管理机制至关重要，以融合学校、社会、家庭的教育资源，通过外在规范约束与学生自我管理的内在动力，结合思想教育，增强教育管理的成效与系统性。

（四）实践性

高等教育旨在培育符合社会需求及适应时代发展的高级知识分子，强调提升学生实际问题解决能力。随着社会动态演进，学生教育管理模式也需进行相应调整。新管理理念与工具不应停留于理论层面，而需在实践中验证与应用，实现理论与实践的互动。惟有根植于实践的学生教育工作管理，才能有效应对瞬息万变的社会环境挑战。

第二节　高校学生教育工作管理的目标及原则

一、高校学生教育工作管理的目标

高校学生教育工作管理的核心目标在于培育能够满足社会未来发展需求的高质量人才，着重于全面提升大学生的综合素养。具体而言，这涵盖了增强学生的思想政治素质、科学文化素质、身心素质、创新素质等多个维度。

（一）思想政治素质

期望大学生具备正确的价值导向、坚定的信仰追求，以及高尚的道德情操。主动追随党的脚步，深入研习党的理论体系与核心思想，并在实际行动中践行党的纲领与政策，坚守正向的政治立场不动摇。

（二）科学文化素质

要求大学生应具备广博的知识与坚实的理论基础。提升学术文化底蕴，意味着大学生需致力于汲取广博的学问，掌握高效的学习技巧，形成良好的学习习惯，学会将理论知识应用于实践，促进个人素养的全面提升。同时，要树立活到老学到老的观念，从实践中找寻差距，以学习作为弥补差距的桥梁。

（三）身心素质

期望大学生兼具健硕的体格与稳健的心理状态。鼓励其积极参加体育锻炼和文艺活动，以增强体质，确保身体健康；通过自我管理和情绪调控，完善个性；投身社会实践，培养优秀的个性特质与良好的环境适应能力，确保大学生身心兼备，以更佳状态服务社会。

（四）创新素质

要求大学生掌握科学思考模式并能将实践转化为理论。通过知识积累，培养科学的逻辑思维，学会全面、辩证地剖析问题；强调创新与实践的重要性，勇于在变革中创新，不断自我超越，借此增强大学生的创新能力，同步拓宽其综合素养的边界。

二、高校学生教育工作管理的原则

为提升高校教育工作管理水平，实现有效管理，学生教育工作者在日常管理中应遵循以下原则。

（一）实际性原则

强调高校学生教育工作管理需立足现实，兼顾学校现状与学生实际情况。通过深入了解双方实际，构建合理的组织架构，明确各机构职责，确立管理目标，并探索适合校情的学生管理模式。

基于实际的管理策略有助于教育工作的精准施策。

（二）制度化原则

要求教育管理者依据国家法规，结合高校实情，制订学生管理规章制度。规范化是提升管理效率与规范性的必由之路。通过制度化管理，高校学生教育工作方能有规可循，持续推动管理的科学化与实效性。

（三）服务性原则

高校学生教育管理应秉持"服务育人"的宗旨，以服务学生为核心出发点和归宿。

在日常管理中践行服务性原则，需从学生根本利益出发，将学生视为管理的主体，一切工作围绕学生展开。因此，在实际操作中，应坚持服务性原则，以服务达成管理的终极目标。

第三节 高校学生教育工作管理取得的成绩

高等学府的核心使命在于培养德、智、体、美、劳全面发展的社会主义事业的建设者和接班人。学生教育工作管理作为高校工作的关键一环，对塑造适应 21 世纪经济社会所需的人才至关重要。历经数十年，各高等院校高度重视学生教育管理，倾注以大量人力、物力及财力资源。教育工作者忠实执行党的教育政策，围绕培养目标，勇于实践，积极探索，逐渐形成一套高效的工作模式与方法。他们热爱并关怀学生，忠诚敬业，为培育学生倾注满腔热忱与辛劳，为我国的社会主义建设输送了大量合格的专业人才。尤其是近年来，学生教育工作管理团队在科学化、规范化的学生教育工作管理领域进行了有益探索，收获颇丰，总结起来，其成就主要体现在以下三个方面。

一、加强大学生思想政治教育，为大学生成才提供精神动力

大学生日常的思想政治教育是超越传统课堂如理论教学、道德课程、时政讲座等的必要增补，其特点在于高度的针对性与及时性。高等教育机构在学生管理中强调加强大学生的日常思想工作，鼓励学生思想解放，观念革新，提升认识层次，并内化"以学生为中心"的教育哲学，深化服务意识，优化服务效能，自发且积极地服务于大学生的成长与成才之路。这不仅要求严格教育、正面引导、激励鞭策学生，也强调尊重个体、深入理解、真诚关怀与实际帮助学生；通过规范学生的学习与生活，推动学生向德行兼备、纪律严明的目标迈进；提升学生的文化修养，促进学生良好行为习惯的形成。思想教育需贴近学生心灵，赢得学生认同，受学生欢迎，旨在解答疑惑、缓解冲突、振奋精神、激发热情，为大学生的全面发展提供精神支撑与正面的社会氛围。

针对大学生群体的思想政治培育，常采用集体授课、小组研讨及个性化指导等形式，融合集会宣讲、互动讨论、案例学习及反馈评价等多种手段，依据学生在不同成长阶段的心理状态，有针对性地深化其思想政治教育，全方位促进学生素质的全面提升。例如，设立"优秀学生标兵""文明寝室"等奖项评选，激励学生投身于卓越追求的实践中，无论是在学术追求、品德修养、行为规范还是身心健康上都力求精进，成长为出类拔萃的人才；而对不当行为的适度惩处，不仅是对个体健康成长有助益的关键一环，亦对全体学生具有深刻的警示与教育价值。此外，通过新生军事训练，不仅锻炼学生快速适应新环境的能力，还显著增强了他们的国家安全观念，铸就他们的坚韧不拔的意志品质和吃苦耐劳的精神风貌，促使学生形成文明自律的生活习性。专业导论课程的开设，旨在明确学习目标，点燃理想之光，激发学生内在的学习热忱，提升其自主学习与自我完善的内驱力；校史校情教育则让学生浸润于学校的光辉历程、艰苦创业的历程和优良学风之中，为他们的学业进步奠定稳固而正向的思想基石。即将毕业之际，一系列的教育活动引导学生理性审视个人发展与社会需求之间的动态平衡，帮助他们树立科学的就业观念；通过自我分析与社会需求的对比，增强学生的危机感，从而使其更为主动自觉地提升自身的道德修养与综合素质。与此同时，重视培养学生的竞争意识、抗挫能力和创新创业精神，这些教育导向共同作用于学生内心，促使他们树立持续自我提升、面对挑战不屈不挠的信念与习惯，为成为社会所需之

才奠定坚实的基础。

二、积极开展丰富多彩的活动，为全面提高大学生素质搭建舞台

（一）积极组织社会实践，锻炼学生的社会适应能力

利用寒假时间组织学生参与社会实践，是高校教育管理中的例行环节。大学生寒假社会实践形式多样，涵盖了环保调研、行业实习、公益行动、探访母校、勤工助学等。这类活动无固定模式与地点限制，通常在开放环境中进行，面对瞬息万变的复杂情况，要求学生独立应对各类挑战，自行解决问题。这不仅激发了学生的积极性，还鼓励他们在实践中勇于探索与创新。

此外，大学生通过亲历社会实践，直观体验生活，见识城乡差异，感知贫富不均等社会现实。在与民众的互动交流中，他们获得真实感触，鲜活例子给予他们深刻教训和启迪，促使其思想境界提升，增强其社会责任感与使命感。同时，也让他们自我省视自身知识与技能的欠缺，客观评估，重新定位自己在社会中的角色，深思个人发展，持续提升素质与技能，以适应社会需求。

总而言之，社会实践锻炼学生的独立生存及环境适应能力；增强知识应用与自我管理技能；巩固并扩展专业技巧；加深对国情民情理解，加强社会责任感；强化服务社会的意识，塑造吃苦耐劳精神。大学生在这样的实践历练中，逐步形成坚韧不拔的品质，树立踏实学风，自我提升，不断进步，完善自我。

（二）组织社团活动，为大学生搭建开发潜能、展现自我的重要平台

社团活动是高校校园文化不可或缺的元素，是对大学生道德教育的有力辅助，也是实施素质教育的关键渠道，为高等学府增添一抹亮丽色彩。大学生社团基于校园，融汇兴趣爱好，遵循法律法规，依据明确的规则，自由组合成有固定成员和特定活动内容的团队，大体上可细分为思想教育、学术研究、文体艺术、公益服务、创业及其他复合类型。社团活动有新意、多彩，激发学生想象力、创造力、协作精神，强化社团成员的主体意识和参与度，扮演着联结合作的桥梁角色。他们不仅装点生活，还为大学生提供身心成长的课外平台，于实践中磨炼能力、展露才华，实为潜能发掘、自我展示的舞台。

（三）丰富校园文化，提高学生的人文艺术修养

文化素养是个人综合素质的重要组成部分，涵盖文学、理论及艺术等领域的深厚造诣。学生教育工作管理中，校园文化建设占据核心位置。校园文化的展现形式多样，寓于各类活动组织与实践之中，诸如新年晚会、歌手比赛、社团庆典、科技展览、辩论赛、学术论坛、化装舞会等。青年群体思维活跃，吸纳力强，易于接受新知识、观念与生活方式，所以可以通过集体文化的塑造与引领，

形成积极的校园氛围，助力学生素养提升。所以可以通过多姿多彩的文化艺术活动，如音乐会等，有效增进学生的艺术鉴赏水平与审美素养。

（四）组织课外学术科技活动，锻炼学生的创新能力

大学生课外学术科技活动涵盖三方面内容：学术科技的研习、创新与应用。这三项活动随着"科技是第一生产力"的认知普及，逐渐在社会经济进步中占据核心地位并日益增长。教育管理层应予以重视，强化组织结构，建立高效管理模式；设立表彰机制，活跃学术氛围，采取有效策略推动活动的深化与拓展。

课外科技创新激发学生学习热情，提升创造力，引导学生走出校园，从被动学习者转型为知识接受者，逐渐成长为社会价值创造者，最终培养终身学习的意识。

三、加强学生教育工作管理队伍建设，提高推进素质教育的能力和水平

辅导员是扎根于学生思想教育前沿的基层工作者，是思想政治教育的组织者与实践者，也是与学生密切接触的引导者之一。拥有高素质的辅导员队伍对于国家的繁荣稳定、学校的持续发展及学生的健康成长至关重要。选拔那些政治立场坚定、业务精湛、思想素质高、综合能力强、热爱辅导员工作的优秀党员毕业生充实辅导员队伍，强化对辅导员的管理，旨在提升队伍整体水平。从发展趋势观察，我国高校学生教育工作管理正趋向于强化教育性与发展性，既重视传统德育，又普遍认同"以人为本"的管理理念。管理制度持续优化，管理团队结构逐步优化，越来越多的硕士毕业生加入学生管理队伍，甚至有的学校已聘用博士毕业生担任专职书记。

第四节　高校学生教育工作管理面临的问题及其成因

一、高校学生教育工作管理面临的问题

高等学府是孕育未来栋梁的摇篮，学生教育工作管理的质量直接关乎人才培养的成效，乃至校园及社会的和谐稳定。为此，各高校均给予了学生教育工作管理高度的关注，积极响应时代号召，对管理策略展开了积极的探索与实践，收获了一定量的成果。然而，当前仍面临众多挑战，尚存若干待解的难题。

（一）社会主义市场经济的深入发展使学生教育工作管理面临严峻的挑战

随着中国改革开放的持续深化及人民生活水平的显著提升，社会对高等教育的渴望越发强烈。为响应改革开放的需求及各行各业对人才的呼唤，党中央、国

务院适时作出了扩大高校招生的决策，招生规模逐年攀升，高校在校生人数持续增长。这一扩招趋势促成了教育由精英化向大众化转型，尽管伴随的是生源质量的不可避免性的下滑；学费压力增大，经济困难学生群体增加；高考年龄门槛的取消、学分制与弹性学制的引入，以及后勤体系的社会化改革，均对高校学生教育工作管理带来了巨大考验。加之部分高校对形势预见不足，导致了诸如宿舍建设缓慢，延迟开学；食堂容量紧张，用餐拥挤；教室不足，仅供教学使用，自习空间匮乏，使宿舍成为自习首选；文体设施落后，学生生活单一等问题。此外，在市场经济的推动下，大学生思想观念与价值观念发生巨变，思想独立性与差异性增强，传统单一的教育工作管理模式已难达预期效果，学生教育工作管理面临重大挑战。

（二）传统管理模式的弊端使高校学生教育工作管理面临新的问题

尽管传统的学生管理模式承载着历史的积淀，并蕴含若干成功策略与实践经验，但面对新环境，其内在局限性逐渐显现。现实中，某些高校的学生管理工作仍局限于事务处理层面，倾向于强化管理而忽视服务，将管理者置于主导地位，视学生为辅助角色；学生往往被视为被动接受管理的对象，需遵从既定规则与安排，管理目标聚焦于维持秩序而非促进学生个人成长。另外，部分管理者秉持"人性本恶"的观点，倾向于采取严格的控制手段压制学生；或视学生为可任意塑造的空白画布，任意下达指令以彰显权威，却未意识到此举反而加剧学生的抵触情绪，削弱管理效能。总体而言，当前管理模式偏重行政指令与单向教导，缺乏平等对话与问题解决的互动，更多体现为长辈与管理者的权威形象，而非朋友或服务者的角色；充斥着缺乏实效的空泛说教，忽视了满足学生情感、生活等深层次需求的心理沟通与实际帮助，被动应对问题多于主动创造条件促进学生综合素质的提升。因此，面对新时代与新挑战，学生教育工作者亟须转换思维模式，革新理念，确立以学生为本、促进学生全面发展的核心导向，为学生搭建广阔的成长与发展天地。

（三）网络普及的负面影响对学生教育工作管理模式带来冲击

信息技术的飞跃与普及，为传统学生教育工作管理模式引入了新的变量与挑战。互联网技术的蓬勃兴起，不仅深刻地重塑了学生的学习生态、生活方式，还潜移默化地影响着他们的价值观念与表达习惯。网络，作为一把双刃剑，在重塑学生教育工作管理面貌的同时，也带来了前所未有的难题。正面来看，它开辟了学生教育管理的新战场与维度，为高校创新和优化学生思想政治教育提供了前所未有的契机。另一面则揭示出，网络化时代对传统管理模式构成了强烈冲击。互联网信息的即时性、多样性及开放性，削弱了学校作为知识权威的地位。在全民触网的背景下，大学生能够轻易跨越时空限制，快速检索到海量信息，相比之下，思想政治工作部门及相关教职员工在信息获取的速度、广度和时效性上，已不再具有明显优势。

海量的网络信息如同洪水般"冲刷屏"，让德育及思想政治教育的信息显得淡薄，尤其是不良信息的冲击，严重干扰了思想教育的效果。此外，网络的虚拟性与隐蔽性为不良信息的滋生与传播提供了温床。

（四）学分制和弹性学制的实施使学生教育工作管理面临新的变革

如今，全国多数高等院校已广泛推行了学分制体系。在这一制度下，学生教育工作管理突破了传统的年级班级统一教学模式，专业班级的概念趋于模糊，取而代之的是以课程为中心的灵活多变的学习小组；不同专业乃至不同学校的学生共同学习，使学生教育工作管理不再仅限于本专业内部，还需延伸至选修课程及跨校学生。同时，学生教育工作除教学、思想和生活指导外，还需介入选课辅导，协助学生构建合理的知识体系，并鼓励学生在教师指导下，由被动接受转向主动学习，学生教育工作管理模式亦由原先的指令型转变为指导型。鉴于此，学生教育工作管理迫切需要探索与构建新的"平台"以适应此模式。

（五）学生教育工作管理队伍储备不足和不稳定制约着学生教育工作管理的成效

当前，高校学生教育工作管理正面临严峻挑战，核心问题在于人员配置不足和专业化水平有待提高。

辅导员队伍的分布显得尤为不均衡，一些学校的辅导员甚至需要覆盖高达600名或更多的学生，这使他们难以在有限的时间和精力内深入开展细致的思想教育和心理引导工作。更值得注意的是，目前从事学生教育工作管理的人员，多数为留校的本科生或研究生，他们中鲜有系统学习过管理学或心理学知识的，也缺乏进一步深造以提升专业素养的机会。虽然许多辅导员年轻，看似易于与学生沟通，但管理经验的匮乏却成为他们工作的短板。这些问题共同导致了高校学生教育工作管理的力度不足和效率低下。学生工作的管理内容繁杂琐碎，全校与学生相关的各项事务最终都汇聚到辅导员身上，如同"千条线穿一根针"。而在现行工作体系的限制下，学生教育工作管理者往往被日常琐事牵绊，疲于奔命。这种状态使管理工作变得表面化、肤浅化，难以对学生日常行为、生活、学习等方面实施高效、规范、科学的管理，从而极大地影响了学生综合素质的全面提升。

（六）高校新校区建设和高校后勤社会化给学生教育工作管理带来新的问题

实质上，高校后勤的社会化转型，意在构建一种教育成本共担的新型机制。

当前阶段，我国广大的高等学府已大范围采用了这一模式，即依据市场规律来运营高校后勤，对外开放校内市场，接纳社会力量的参与，包括人力资源、资金流、先进技术及设施等，以此激活校园经济环境。在此番变革中，市场参与者以盈利为目的入驻高校，而学生们在承担各类费用的同时，也逐步形成了投资回报的观念，这无疑对学校的教学质量及生活环境提出了更为多样和严格的要求，无形中埋下了冲突的隐患。加之高等教育招生规模的不断膨胀，传统校园设施已难以承载日益增长的教育与生活需求，众多高校选择在外围扩建新校区，导致同专业或同学院的学生群体被物理分割，以往紧密围绕院系展开的管理模式遭遇严峻挑战。因此，在这样的时代背景下，如何创新学生教育工作管理模式，有效应对管理领域的这一新挑战，便成了亟待探讨的重要议题。

二、新形势下高校学生教育工作管理问题产生的原因分析

（一）环境因素：社会转型加快与教育发展滞后

我国当前正处于深刻的社会转型阶段，这一进程嵌入于一个多元文化交织的复杂情境中，涵盖了深厚的中华优秀传统文化底蕴、社会主义制度文化的内在逻辑以及西方文化的广泛影响。社会体制架构及其运作机制的全面革新，这正是社会转型不可分割的一部分。遵循马克思主义理论，物质生产活动被视为人类社会最基本的实践活动，构成了所有社会活动的基石与核心推动力，教育实践亦然，无法脱离物质生产的需求独立演进。社会的发展不仅为教育提供了丰富的资源，优化了教育环境，提升了教育质量，还促使教育适应新时代的发展趋势，推动高等教育从精英化向大众化的历史性跨越。然而，这一进程中也蕴含着双重挑战：一方面，高等教育的快速扩招在广泛满足公众高等教育需求的同时，也给高校自身带来了沉重压力，特别是师资力量的极度短缺成为显著问题；另一方面，教育的变革存在时间滞后性，从改革启动到成效显现是一个渐进且漫长的过程，人才培养亦需时日。因此，社会物质生产的迅速变迁与教育改革的相对滞后之间难免形成张力，这是转型期间不得不正视的现实矛盾。

随着改革开放的持续推进和社会主义市场经济体系的全面发展，我国步入了一个以现代化为标志的全面深刻转型期。这一社会变革期呼唤现代化价值观与伦理精神的支撑，也要求高等教育的管理模式与理念适应这一进程，体现与时俱进的实践需求。然而，现行的教育管理方法往往侧重于灌输式的知识传授，强调说教，忽视了教育环境和受教育主体在社会转型中经历的巨大变迁，这种刻板单一的方法抑制了学生个性与创新思维的成长。在目标设置上，过去教育体系基于封闭且单一的社会结构，在特定的框架内培养符合某一预设角色的人才，这与转型社会所需人才特质存在错位。从根本上讲，在当代社会的开放性和价值观多元化

背景下，高校教育工作管理未能充分认识到学生作为主体的自主创造潜能，导致在面对现实挑战和矛盾解决时显得无力，未能有效促进学生人格的塑造、时代精神的传递，进而引发了学生教育工作管理中的连锁反应。

（二）理念因素：科学主义的过度推崇与人文关怀的弱化

自近现代以来，科技的浪潮与教育的力量共舞，极大地提升了人类对物质世界的理解与操控能力。科学的进步不仅凸显了理性的强大，更将人的精神纳入与物质同等的实在范畴。在这场科技革命的洗礼下，不少哲学思想开始涌现，它们往往将世间万物，除了人类之外，都视为待雕琢的原材料。在处理人与自然的关系时，这些哲学往往演绎为一种工具理性，强调人类为掌控自然而生的策略。在这样的思维模式下，技术统治跃升为主宰，过分注重机械化和技术化，试图通过精确的逻辑和技术的运用，将高校学生的教育工作管理转化为一系列标准化、模式化的操作流程。

科学主义的过度推崇在教育领域催生了一种工具主义的教育观，它专注于传授人们生存所需的技能和知识，然而，其致命的短板在于忽视了教育的根本意义——为何而生。它未能引导人们深入探索人生的真谛、生存的价值，从而未能促使人们从内心深处进行自我认知与改变。这种教育观不可避免地摈弃了人类精神自由的崇高追求，将教育的无限可能简化为有限的生存适应目标，丧失了以人为本的教育理念。在这种背景下，人本身也沦为了工具理性的附庸，被其任意操控和支配，人逐渐沦为了被物质奴役的理性机器，失去了对精神世界的追求和向往。人变得单向度，失去了否定性、批判性和超越性。显然，科学主义有可能以异化的形态统治和控制人，将人降格为纯粹的工具，使其退化至物的层次，从而失去了人的本质和应然性。用科学的物质性和实在性来简单解读人的丰富性是不恰当的，因为它无法形成人与世界相互作用的复杂的深刻认知，其简单化的处理方式无法揭示现实世界的复杂多样性。这种人文关怀的缺失正是高校学生教育工作管理所面临的重大挑战和核心议题。

（三）人的因素：学生思想多元化与不稳定性

随着科技革命的蓬勃兴起，信息媒介迭代加速，信息流通前所未有地高效，学生们得以用更迅捷的方式接触形形色色的思想与文化，各类观念如潮水般涌入，不可避免地对大学生群体产生深远影响。这一影响体现在学生思想从单一向繁复过渡，从保守呆板转为开放灵动，彰显出多元化的发展轨迹。当代大学生在改革春风中逐渐成才，他们是社会中最富活力、最具创新精神和生机勃勃的群体，其思想品性的塑造与发展深深烙上时代的鲜明印记：自我认知日渐觉醒，自主精神显著提升；思想前卫，满怀进取与探索精神，乐于拥抱新知，擅长利用多渠道汲取智慧与信息，文化反哺现象便是他们信息获取超前性的生动例证；思路开阔，具备灵活、批判及独立思考的强大能力。尤其是互联网技术的飞跃，让生活于数字世界的大学生拥有了前所未有的选择自由与广阔空间，这不仅为他们搭建了理解跨文化、多政见背景下的多元价值观的桥梁，也促使不同价值体系间的碰撞与交融更加激烈。

然而，正处于这一人生阶段的大学生，其心理功能与道德评判能力尚处在一个相对稚嫩的阶段，加之社会历练不足，心理根基不够稳健，情感波动较大，行为倾向带有较强的随意性和变动性，导致他们在面对价值观的万花筒时，难以从容不迫地评判与抉择。实际上，在价值观多样化的浪潮前，他们常常陷入一种自主性与依赖性交织、自信心与自卑感并存、情感冲动与理智思考的拉扯、渴望与满足之间的落差、冲动行为与自我克制的冲突等多重矛盾之中，这些矛盾引发了他们在价值评估与抉择上的迷惘与困扰，进而影响到他们的思维模式与行为实践，展现出一定的偏颇性，这无疑给高等院校的学生教育和引导工作管理带来了更大的挑战。

第五节　高校学生教育工作管理模式对策研究

一、以"柔性管理"思想为指导，更新管理理念

我们早已明了，在学生教育管理实践中，"以人为本"不仅是柔性管理模式的核心要素，它还标示出管理的价值导向，并作为最根本的指导方针贯穿其间。特别是在高等学府的教育管理领域，尤其是各学院与学科的学生管理工作中，一切行动的起点与归宿都应聚焦于促进学生的全面发展与成才，旨在培养德行、智慧、体质、审美及劳动技能均衡发展的未来栋梁，确保他们能够承担社会主义事业的建设与传承重任。这实质上界定了高校学生教育工作管理最为本质的职责所在。

（一）确立以学生为本的管理理念

《关于进一步加强和改进大学生思想政治教育的意见》中，将"以人为本"确立为加强与革新大学生思想政治教育的基本纲领，着重指出需立足于以人为本，紧密联系实际，贴近现实生活，贴近学生需求，以促进人的全面发展为目标。这一政策导向，为高校学生教育管理工作提供了坚实的理论基石，敦促我们务必秉承以学生为中心的管理理念，以期更有效地引领我国高校学生教育工作管理实践的前行。简言之，在学生教育管理活动的执行中，管理者需始终围绕学生

这一核心，挖掘并激发学生的内在潜能，鼓励学生积极参与到管理活动中来，培养他们维护个人权益的意识与能力；同时，要密切关注学生的成长进程，主动协助他们应对学习与生活中遇到的各种挑战，以诚挚的态度为学生提供全方位的服务。

秉持"以学生为中心、服务育人为先"的原则，高等教育机构及其下属院系在落实学生教育工作管理措施时，需充分考虑学生的主动性和个性化成长。基层教育管理者在日常操作层面，需践行以下几点：尊重学生的个性诉求（基础），关注学生的身心健康（关键），服务学生的各类需求（方式），并致力于发展学生的综合素质（目的）。尊重学生，实质上意味着认可并珍视他们的个性差异，确认他们在高校教育生态中的主体角色。鉴于学生是高校存在的基石，教育实践中必须维护学生的主体性，尤其应对有特殊情况的学生给予更多关照与支持。关怀学生是指深入学生的学习与生活实际，实时监测他们的在校状态，迅速响应他们的需求，协助其排除障碍，让学生切实感受到来自学校的温暖与关怀。服务学生是指以学生的真实需要为航标，竭力构建利于学生成长的软硬件环境，激励学生自我管理，助力他们树立正确的人生观与世界观。而促进学生发展，既是"以生为本"理念的直接体现，也是上述尊重、关怀、服务措施的最终指向，旨在推动学生的全面发展与和谐成长，实现教育的终极目标。

（二）坚持民主管理

相较于"一言堂"管理，民主管理标志着截然不同的治理哲学。于现代管理领域及我国高等学府的院系学生教育实践中，民主管理不仅是达成高效治理的途径，亦是追求的理想状态。其一，作为确保教育管理工作成效的基石，民主管理鼓励学生的深度参与，借此唤醒学生的责任感，强化校园的内在团结与吸引力。其二，民主管理还扮演着催化角色，通过实际参与学校决策过程，学生们的民主观念得以培育，参与校园治理的热情显著提升。

民主管理的概念蕴含深厚，堪称现代管理理念的精华组成。鉴于我国高校的现实情境，院系学生教育工作的民主管理实践理应聚焦两大核心维度：首先是以人为本，认同学生的主体地位；其次是讲求宽容，为学生发展提供宽松的环境。

1. 以人为本，认同学生的主体地位

教育管理的核心在于对人的引导与培育，因此，学生教育工作管理的核心必须围绕"以人为本"的宗旨展开。学生既是高校管理活动的客体，也是主动参与管理的主体。由此，一切服务于学生、一切源于学生、一切归于学生福祉的理念应当成为高校教育工作管理的根本指导思想，这同样也是柔性管理模式中的关键组成部分。这意味着，高校内所有与学生相关的部门需共同树立以学生为中心的观念，采用民主管理策略。基层教育管理者需深刻理解并尊重每位学生的个性发展，广泛倾听学生的意见与需求，致力于实现学校与学生同步发展、相辅相成的目标。在制度与规范的制定流程中，应激发学生的参与热情，并提升决策的透明程度；针对院系管理中存在的各项挑战，应鼓励学生主动献策献计，并认真听取学生的反馈，以此途径全面激发学生的自我教育、自我管理、自我服务以及自我激励的潜能，形成良性互动的教育管理生态。

2. 讲求宽容，为学生发展提供宽松的环境

宽容在学生教育管理中的体现，意味着教育工作者应积极理解并亲身融入学生的创意实践中，激发学生在校园文化的广阔舞台上自由表达、勇于尝试，避免使用单一刻板的规定限制学生，减少不必要的约束与过度监控。创新之路难免伴随挑战，故宽容还要求学生教育工作管理者，尤其是院系层面的管理者，积极创造条件，为富有创新精神的学生提供必要的支持与帮助。鉴于当代大学生群体展现出了多样化的个性与差异化的成长路径，院系教育管理者的工作不再局限于学业成绩的考量，而是扩展到了道德修养、创新能力及实践技能等多个维度，旨在全方位促进学生的个性化与差异化发展，让每位学生都能在适合自己的轨道上发光发热。

（三）强调管理服务意识、实现个性化管理

随着市场经济体制的确立及高等教育普及化进程的推进，高等教育被赋予了消费品的角色，大学生则成为这一特殊教育服务的消费者群体。教育作为一种服务性质的行为活动，其产出即教育服务，可视作一种服务型产品，教育的实质在于服务的提供。在市场经济环境下，高校担当起了服务供应者的角色，而支付学费的学生则自然成了消费者。在此背景下，学生有权期待高水准的教育服务质量及优越的教育资源供给，相应地，高校也有义务满足这些教育服务需求。因此，高校学生教育工作管理的观念亟须转变，尤其是作为与学生接触最频繁的院系，其核心任务在于树立并践行以服务学生为核心的学生教育工作管理理念，这意味着学生教育工作管理部门及管理者必须顺应市场经济的发展脉络，调整策略，摈弃过往行政主导、官僚作风浓厚的管理模式，朝着更加规范化、制度化、科学化的教育工作管理方向迈进，以实现对学生群体的优质服务承诺。

理念犹如灯塔，照亮实践的道路。院系学生教育工作管理者需转换视角，学会站在学生的立场上审视问题，深入了解学生所面临的挑战，并探索合理的应对之策。把握学生思想的最新动向，将解决学生实际问题视为教育工作管理的起点与终点，是至关重要的。此外，激发学生的主观能动性，邀请他们参与到教育工作管理的实践中，鼓励他们积极建言献策，这不仅是对学生问题解决能力的一种有效培养，更是锻炼他们识别问题、剖析问题、解决问题能力的重要途径。

二、坚持以学生为本，改革和完善院系管理体制

（一）以学生的发展和需要为依据进行组织机构和职能设置

回顾发展历程，尽管各院系在构建教育管理结构时展现了多样性，但任何模式的根本都需紧密围绕满足学生教育的根本需求，并确保机构的构建既合理又具实效。具体来说，这关乎评估以下几个关键点：该机构是否有助于推动学生的全方位发展，是否能为教育管理者高效执行任务提供有利条件，以及该机构能否确保院系教育管理部门顺利迈向其既定的使命与追求。

当前，随着大学生群体规模的持续膨胀及相应管理事务的急剧增加，尽管大学生教育管理组织规模不断扩大，管理人员队伍也日益壮大，但院系教育工作管理者仍面临着既要妥善处理日常管理事务，又要迅速应对突发状况的双重挑战，时常感到资源与精力分配紧张。因此，院系学生教育工作管理部门迫切需要朝着职能专业化、管理标准化的方向进行结构调整，通过管理职责精细化划分，以更精准地对接学生的多元化需求。具体实施上，院系层面应考虑建立或强化以下三个直接关系学生福祉的办公机构。

1. 成立院系资助工作办公室

在院系级别上，应设立专项的"学生资助事务办公室"，专职处理与学生经济援助相关的各项事宜。其核心职责包括：确保与校级资助管理部门的紧密协作，依据本院系学科特色主动对接潜在资助资源，承担资助信息的搜集与公布任务；负责校内外奖学金、助学金的精准发放，适时推介勤工俭学机会等。该办公室的运作将聚焦四大方向：一是深入学生群体，细致调研贫困生经济状况，建立健全贫困生档案库；二是致力于构建并优化一个包含奖励、贷款、勤工、援助与补助在内的多元化资助体系；三是通过励志教育激发贫困学生的内在动力，鼓励他们自立自强；四是强化诚信与感恩教育，倡导贫困学子以实际行动回馈社会，传递正能量。

2. 建立院系心理健康辅导室

鉴于社会经济快速变迁背景下，学生心理健康问题日益显现，从教育管理的初衷及服务于学生的宗旨出发，当代大学生亟须专业的心理辅导服务。鉴于院系直接面对学生群体，有必要依据各自特色，成立专属的健康与成长咨询服务部门，人员配置上需兼具心理学专业知识与对本院系特质的深刻理解。在院系层面设立心理辅导工作室，可依托校级心理辅导中心的资源，为每位学生建立个性化心理健康档案，使之成为校园心理健康体系的重要补充力量，及时响应学生的心理求助。当前，众多国内高校已要求辅导员取得心理咨询师执业资格，不少辅导员已成功取证，表明院系学生教育管理体系在心理辅导师资上已具备一定基础。

在实施心理健康辅导时，院系需注重四点：首先，制订心理危机应急预案，健全学生心理健康记录系统；其次，开展心理健康教育活动，推广心理健康常识；再次，扎实开展心理辅导与咨询服务；最后，细致排查学生心理状态，针对存在心理困扰的学生，精心策划并实施干预措施，确保其心理健康发展。

3.成立院系学生就业创业指导中心

在院系层级上创设"学生就业创业指导中心"，旨在运用教育管理团队的专业特长，辅助学生规划职业生涯路径，为即将毕业的学生提供与其专业紧密相连的求职技巧培训与就职咨询，同时激发并引导学生的创业实践。该中心应深化与校级职业发展与创新创业服务中心的协作，凭借院系特有的专业资源，强化与业界企业的联络，以确保为学生供给高水准的职业发展与创业支持。

该指导中心的工作重心应集中于两大发力点：职业发展服务与创新创业指导，通过实施精准关注、定向服务与优先推荐的策略，力求在关键环节实现质的飞跃，进而全面提升毕业生的就业比例与质量。

（二）加强院系学生教育工作管理队伍专业建设

一支卓越的学生教育工作管理队伍是院系基层教育工作管理顺利开展的组织基石。构建一支高素质的学生教育工作管理队伍，对于保障基层院系教育管理效能至关重要。在中国高校体系中，这些基层教育管理者被称为辅导员，而打造一支杰出的辅导员队伍需关注几个关键点：首先，确立一套严谨的辅导员选聘体系。秉持"专业化""科学化"原则，在选拔流程上，除检验候选人的专业知识外，还需全面考量其职业道德、纪律性及理念，设定高标准，严格把关。其次，构建辅导员的成长培训体系。依据高校学生教育工作的特性，制订辅导员培训方案，设计长期与短期相结合的灵活培训机制，确保辅导员技能与时俱进。再次，建立健全辅导员的绩效考核与监管评估体系。通过量化指标动态管理辅导员工作，提升考核过程的透明度与实效性，确保管理的科学性和公正性。最后，实施辅导员的激励与退出机制。重视辅导员个人职业发展，建立健全评优晋升的制度框架，同时，对于考核不合格或在职期间发生重大失误的辅导员，应实施批评教育，情节严重者则须从辅导员队伍中淘汰，以此保障团队的整体素质与活力。

院系学生教育管理办公室需高度重视专职与兼职辅导员的培养与管理，确保两者享有平等的发展机会与明确的责任权利，共同塑造一个团结进取、充满活力且具有强大执行力的辅导员集体。为了达成这一目标，应通过辅导员培训、互动交流、绩效评估等多种策略，重点加强辅导员如下五个方面的能力提升。

1.服务大局，提升凝聚力

学生教育工作管理队伍需紧密围绕学校的培养目标，紧贴学校的发展定位，紧跟学校前进的步伐，确保目标专注不偏离，保持耐心与毅力不懈怠。所有辅导员及教育管理者应相互扶持，协同合作，共同促进团队与个人的全面提升。

2. 加强修养，提升道德力

辅导员应成为道德模范，率先垂范遵守学校规章制度。在日常工作中，坚持平等原则，深植以学生为中心的思想，鼓励学生创新精神，体恤学生的困难，深入了解学生的实际需求，时刻铭记自身职责，不负教师的崇高使命。

3. 持之以恒，提升学习力

首先，院系需搭建学习平台，为辅导员创造优良的进修环境，以促使其不断充实自我。其次，着重培育辅导员的独立思考与分析能力，鉴于当前多数高校专职辅导员队伍由初入职场的硕士或本科毕业生构成，他们普遍缺乏社会经验，处理实际问题的能力有待提升。最后，辅导员应坚持理论联系实际的原则，积极转化理论知识，使之成为指导学生教育管理工作、破解学生难题和推动工作进展的策略与能力。

4. 与时俱进，提升创新力

此外，院系鼓励所有辅导员积极探索学生教育工作管理的新方法，以应对教育管理中层出不穷的新挑战。

5. 爱岗敬业，提升执行力

强调每位辅导员需具备敬业精神，勤勉尽责，坚守政策原则同时灵活运用，避免机械执行。要求辅导员亲力亲为，常下班级寝室，密切掌握学生动态，及时调解学生矛盾，有效疏导学生情绪，处理问题时讲求策略，注重方法的科学性与针对性。

三、完善院系学生教育工作管理的内容架构

（一）构建以学生安全管理为基础，促进学生全方位发展的保障平台

高校基层院系在学生教育工作管理上的首要任务，是确保学生的生命安全、身体健康及财产保全。为此，院系有责任实施一系列有效策略，搭建一个坚固的安全防护网，营造一个安心的学习与生活环境，全方位守护学生的安康与财物安全。

1. 要牢固树立安全第一的思想

通过网络媒介、宣传栏、展示板及定期的主题班会等多种渠道，持续性地普及安全法律知识，加深学生对安全防范重要性的认识。例如，着重提升学生的自我保护意识，尤其是增强防盗和防诈骗的能力。

2. 加强对特殊学生的管理，特别加强对毕业班学生、有心理隐患学生、在外实习学生等重点群体的管理

学生教育工作管理者在院系层面必须持续关注特殊学生的情况及其思想动态，一旦察觉到异常，应立即介入处理，并在必要时向学校教育管理机构汇报，

以求得更高级别的支援。同时，深入探究问题背后的原因，从根本上寻求解决方案。举例来说，对于孤儿及单亲家庭学生，院系可通过举办交流座谈会，增进这类学生间的相互理解和自强信念；遭遇经济困难的学生，院系可提供勤工俭学机会或经济补助，缓解其经济压力；学习有障碍的学生，可安排教师或优秀同学进行一对一辅导；而对于确诊存在心理障碍的学生，学院则应在严格保密的原则下，协同心理健康教育中心的专业教师开展心理疏导，以防问题恶化，确保学生心理健康。

3. 完善突发事件应急预案和学校宿舍管理办法，成立学生宿舍管理委员会

应定期组织突发事件模拟演练，借以不断积累学生教育工作管理者应对紧急情况的经验，确保其在真实危机面前能以沉稳的心态和有效的策略妥善应对。同时，构建一套成熟的危机预警系统至关重要，这是院系预判与应对危机的关键工具，对于危机管理和化解具有不可小觑的作用。

（二）构建指导学生成长成才，促进学生全面发展的服务平台

现代大学生所应掌握的综合能力可大致分为思想认知与实践操作两大范畴。在实践操作层面，不仅要求其拥有扎实的专业技能，还要求其拥有较高的人际沟通技巧、灵活的适应力以及强大的心理承受力等。

1. 思想领域

大学生思想品德的培育很大程度上依托于思想政治教育的实施，而院系基层学生教育工作管理的轴心则在于学生党建工作的强化。作为新时代的大学生，树立远大理想，践行社会主义核心价值观等先进思想观念是其必备的认知基础。因此，在新的历史时期，学生党建工作应当占据院系学生教育工作管理体系的中心位置，将院系塑造成思想政治教育的前沿堡垒，通过党建工作的引领，驱动其他教育环节的持续进步与深化。

2. 实践领域

基层院系学生教育管理的重心在于实施全面性的学生发展导航。实质上，促进学生的全面成长是院系教育管理的内核，基于此，需构建一个旨在提升学生综合能力的辅助与指导系统。具体而言：第一是构建学生的学业蓝图。现实中，不少学生入学一年后仍对所学专业感到迷茫。因此，至关重要的是，学生自入学之初就应被引导理解专业内涵，深入洞察专业的学习特质、方法及就业前景。第二是着重提升学生的社会适应能力。院系需紧密跟随社会发展动态，考虑学生特性，有的放矢地规划并实施一系列活动，制订贯穿整个大学生涯的行动计划，以强化学生的社会实践与适应能力。

第五章　高校教师管理的创新实践与发展

第一节　高校教师队伍结构分析

一、高校教师队伍结构分析

（一）职务结构

职务结构涉及教师团队内部初级、中级及高级专业技术职位的比例分布，这是衡量教师队伍构成的关键要素。在高等教育体系中，教师的技术职称遵循由助理讲师、讲师、副教授至教授的递增序列。职务结构不仅是评估师资队伍综合实力的一项重要指标，还间接体现了师资队伍的学术造诣、承担教学研究任务的能力及院校的人才培养水平。

教师职务结构的配置受多种因素影响，包括高校的类别、学科布局、人才培养目标、教师的教育背景以及相关政策导向，从而展现出各异的特征。比如，专注于研究生培养与科研的研究型大学，高层职务占比高，呈现出倒金字塔形结构；教学与科研并举的院校，顶层与底层职务比例偏低，而副高与中级职务较为充裕，形成了橄榄球状结构；以教学为核心的专科院校，高层职务则更显稀少，形成了典型的金字塔结构。鉴于各高校职务比例不一，应依据学科特性、专业需求及教育层次，科学合理地规划教师队务结构，以适应多样化的教学任务。

（二）学历结构

学历结构体现了教师团队中不同教育背景（学位层次）成员的分布情况，是评价教师团体理论素养与科研潜力的一把关键标尺。尽管学历本身并不直接等同于教师的教学实践能力或科研成就，但在某种程度上标示出教师在其学术领域内的起始点和基础知识储备。通常而言，高学历持有者更易迅速进入学术研究的最前端，展现出强劲的研究探索与创新潜力。因此，学历结构侧面映射出教师队伍的理论底蕴、业务基础以及科研活动的总体水平。

（三）年龄结构

教师队伍的年龄结构涉及其平均年龄及各年龄群组教师的比例分布，这一结构在某种程度上揭示了教师团队的活力水平与学术继承链现状，是评估教师群体创新力的一个重要维度。

理想的年龄结构应维持老、中、青年教师间的均衡，确保团队既拥有丰富的实践经验与深厚的学术底蕴，又不失创新激情，支撑长远发展。合理的年龄结构配置，并非简单地将高级、中级、初级职务与老、中、青年三个年龄阶段一一对应，更重要的是在高级职务层级中也应涵盖老、中、青年三代，形成年龄与职位交叉融合的动态平衡。

（四）学缘结构

学缘结构涉及教师团队成员最高学历（学位）的毕业院校、所修专业的分布情况，它从侧面体现了教师队伍的学术互补性和知识多样性，是评判学术环境活跃度的重要标尺。

通常，高校教师的背景越多元，其学术氛围就越显活力，不同的学术见解与思想在交流中相互补充，合力促进教师队伍整体学术素质的提升。反之，学术背景的单一往往是创新成果稀缺的主因之一。创新往往源自思想的交锋，若教师大多出自同一院校、实验室、研究所乃至师门，其教育背景、知识结构和思维方式易于趋向一致。在高度一致性群体中，思想交流与碰撞的机会受限，创新思维被激发的概率也随之减少。

（五）专业结构

专业结构涉及教师团队中讲授公共基础课程、专业基础课程以及各专业课程的师资比例，它不仅映射出教师团队承担教学与科研任务的能力水平，也是学校学科结构状况的一个重要指标。近年来，随着高校扩招及新兴专业的不断涌现，高校教师的专业结构面临不合理性挑战，学科间的师资分配失衡明显。一些历史悠久的学科师资相对饱和，而新兴学科，尤其是部分领域师资极度匮乏，甚至阻碍了学科发展与专业人才的培育。因此，在专业结构规划上，需重视全局把控、科学布局、追求效率、优势互补与效能提升，确保公共基础、专业基础及各类专业课程教师配置，既能满足人才培养的规格要求，又能促进学科建设，且有助于教学科研任务的高效完成。

（六）学科梯队和学术团队

学科建设在高等教育机构中占据核心地位，是重中之重。探讨教师团队结构时，我们不仅要单独审视职务结构、学历结构、年龄结构、学缘结构和专业结构因素，还需密切关注学科梯队的构建情况。学科梯队是围绕特定学科建立的，在学科领军人物的带领下，由具备不同职务、学历背景、学术经历和年龄层次的教师组成，共同推进学科发展的一支队伍。通常，学科梯队展现出两个鲜明特征：其一，团队的层次化结构。团队内部通过选拔，确定一位在该学科领域内造诣深厚、影响力卓著的领军人物，此人需具备高超的学术水平、创新思维、崇高的道德风范、严谨的治学态度，以及优秀的组织协调能力和团队合作精神，全面引领学科发展、团队建设与人才培养，发挥核心凝聚作用。同时，每个学科分支领域也须有一位至两位学术地位显著的分支领军人物，以及一批学术中坚力量。其二，团队的年龄阶梯化结构。学科团队融合了老、中、青年三代教师，老一辈提供战略指导与经验传承，学术中坚承担重要研究与攻克难关的任务，青年教师则为学科的未来可持续性注入活力与创新力。

进入 21 世纪以来，学术团队的研究与建设在高校及社会科学界逐渐兴起，尤其是在我国高等教育领域，受到了前所未有的重视。高校学术团队定义为一群教育专业人士（或教师），因共同的学术追求和目标而集结，彼此连接，协同合作形成的知识探索集体。其核心特征包含：第一，共享的学术愿景。一个统一的学术目标是团队形成的基石，指引成员的共同努力方向和工作动力。第二，灵活的组织方式。团队采用灵活的组织架构以优化资源配置，激发学术创新活力，促进健康成长，常采用"三圈层"结构模式，由核心的学术领头人、中间层的学术中坚力量和外围层的研究人员（主要是教师）组成。第三，杰出的学术带头人。实践中，学术团队特别是科技创新团队常由活跃在科研一线的顶尖人物领军，如两院院士、长江学者、国家杰出青年科学基金得主、国家项目负责人或首席科学家等。第四，良好的沟通渠道。有效的沟通渠道是团队互动的关键，不仅包括团队内外的交流，还有内部各部分之间的无缝沟通。第五，分工明确与合作。有序高效的分工合作是团队高效运行、提升活动的基础，成员跨学科、跨岗位，通过互补技能的协同实现学术价值。第六，自愿与共责。团队成员自愿承担责任，这已成为高校学术团队的标志特征，体现了成员间的共识与自律行为准则。

着眼于学科建设、科学研究和科技创新目标，构建多维度的学科梯队与学术研究集群，旨在更高效地赋能高校在人才培养、科学研究、社会服务等核心使命上的表现，尤其强调高校在国家创新体系内作为知识创新与技术革新的中坚力量的角色，这构成了高校教师团队发展的新方向。

二、高校教师队伍结构的优化

（一）优化高校教师队伍结构具有重要的时代价值

所谓结构，本质上是指系统内部元素间恒定且稳固的组织或联接模式。相应地，高校教师队伍结构则是指高校内教师群体内不同成员之间既定的配置情况及其相互关联形态，涵盖了教师的构成成分与构成方式这两层含义。在特定情境下，前者预设了教师团队潜能的规模，后者则决定了该潜能的实质转化效率。尤其在崇尚学术追求的高校环境中，教师间的合作与交流网络不仅对个体成长至关重要，也对高校学术进步具有深远影响。因此，优化高校教师队伍结构是释放高校在育人、科研及社会服务上的综合效能的关键。

1. 优化教师队伍结构有利于提升高校人才培养质量

教育人才的培养是高校的核心使命，而人才的培养，教师是关键。在传授高深学问的殿堂，高校教师团队欲实现卓越的教学目标，就必须具备深厚的知识底蕴、宽广的学术视野、活跃的创新思维及强大的实践能力，这些素质的培养依靠长期严谨的学历教育积累，并通过职称等级得到彰显；同时，教学质量的提升也与一个年龄结构均衡、交流活跃、擅长借鉴他人教学精华的教学团队息息相关。实践经验表明，优化教师结构，吸引优秀学生，培养尖端人才，是全球高校共通的成功之道。顶尖学府往往配备顶级的师资阵容，构建结构合理的教师队伍，这也成为所有高等学府的共同追求。

2. 优化教师队伍结构有利于提升高校的科学研究水平

科学研究在现代高等学府中扮演着举足轻重的角色。当今社会，教师的科研基础、科研实力、科研潜力与其学术研究能力紧密相关，而学历层次与职称晋升则是对其科研成就与能力的正面肯定。实际上，教师的学历背景与职称配置已成为评估院校科研实力的关键指标。此外，学缘结构和年龄结构也显著影响科研水平，局限的视野与固化思维会抑制创新活力，降低科研产出，人才的断档尤其是学术领导层的缺失会对研究梯队造成致命打击，阻碍其健康发展。在团队合作模式上，沟通交流、协同合作、指导互助是科研团队健康成长的关键。优秀的教师结构体现为科研基础坚实、创新能力强、知识代际传递顺畅、科研文化积极、交流渠道丰富、优势互补明显，这都有助于科研成果的持续产出和科研团队的长远发展。在某种意义上，高校科研竞争力的比拼，实则是教师队伍结构的优化竞争。

3. 优化教师队伍结构有利于增强高校的社会服务能力

高等教育机构改革的推进，使社会服务成了高校的核心使命之一，也构成了教师角色的新内涵。随着高校与社会互动日益紧密，高校服务社会的形式趋向复杂多维、项目导向和团队合作模式，服务内容横跨众多学科领域，要求教师团队具备多元知识与技能，以及进行高效协作。从这一视角审视，构建合理的教师队伍结构是高校有效履行社会责任的关键前提。

（二）优化教师队伍结构的目标

概言之，教师队伍结构的优化旨在实现以下目标：与国家发展、经济发展及科技发展的需求相契合，满足高等教育发展的要求，聚焦于高端人才培养与创新团队建设，着重于师资队伍规模的扩大及素质提升，力图构建一支数量充沛、结构均衡、创新力强的教育团队，从而在国际学术舞台增强我国高校的竞争力，更有效地扮演国家基础科研、高新技术研发的先锋及科技成果转化的强力引擎角色，为国家建设贡献智慧与人才支撑。

各高校在优化教师队伍结构时，需与自身的发展战略及教育愿景相匹配，确保教师结构的优化服务于学校的整体发展方向，依据学校的教育规模、层次定位以及学科发展规划的阶段性目标来具体设定。不同性质的教育机构在构建合理的职务构成、提升学历层次、促进学缘多样性、平衡年龄分布、协调专业配置及打造具有创新能力的学科梯队（或学术）团队方面，应体现各自的特色和差异化策略。

（三）高校师资队伍结构的优化途径

高校致力于组建一支德艺双馨、配置科学、活力充沛的教师队伍，首当其冲的是调整优化教师队伍结构，促使教师队伍的年龄结构、学历结构、职称结构、学缘结构、学科结构等方面渐趋均衡。唯有每一结构维度均达到最佳，才能全面激活各结构板块的内在潜能，促成师资队伍结构的和谐共生，以结构优化为杠杆，撬动高校的前进与壮大。具体实现策略囊括以下四方面。

1. 完善准入机制，通过多种方式吸引人才，优化师资结构

在进行师资力量充实时，高校需全面权衡多维度考量，确保补充工作公正有序。首先要依据学科发展的实际需求及现有师资的综合能力，构建合理的准入机制，科学规划补充方案。补充进度与规模不仅要与学校发展规模、学科建设需求相匹配，还需前瞻性地考虑新进教师的安置、培育及流动等问题，合理预见，精准调控补充节奏。在此基础上，公开透明，面向全社会，采用多种途径积极招募高水平教师，营造吸引和激发高端人才潜能的生态环境，通过教学与科研等方面的优惠政策，激发教师的学术与科研热情。同时，严控入口，精细筛选，按层次引进，广泛吸纳贤能，促进不同学术思想与教学方法交融，优化学缘结构，构建以中青年教师为核心、结构均衡的团队。补充机制应与市场机制相协调，促进教师合理流动，在竞争中激发潜力，动态优化教师资源配置，推动教师队伍结构的全面升级，实现优化目标。

2. 拓宽师资培养途径，提升教师业务素质

高校应依据自身实际情况，构建并优化多元化的师资培养体系，全面推动教

师业务能力的提升。首先，要激励青年教师继续深造，为学历晋升开辟道路，逐步提升师资队伍的学历层次，优化学缘结构。其次，依据学科特色，营造浓郁的学术氛围，举办各类校内短期研讨班和研习课程，使教师紧跟学科前沿，拓宽知识视野，革新教学方法，逐步营造利于学术成长的和谐宽松氛围。最后，应拓宽校外渠道以提升教师素质。对于具有学术潜力的中青年教师骨干，可通过访问学者项目推荐至其他高校或研究机构交流，同时，鼓励参与国内外学术会议，通过与同行的互动合作，拓宽国际视野，增强国际合作与竞争意识。通过精心规划与实施跨学科、多层次、多样化的教师培养计划，能持续提升教师自主学习意识，增强个人业务能力，优化师资队伍的整体知识结构。

3. 通过有效措施，激励、培养领军人才

领军人物是高校实力的象征，更是未来发展的重要保障。因此，领军人物的培养是高校教师队伍建设的重中之重，也是完善与优化师资结构的有效路径。围绕学科发展与教育改革的脉络，高校应巩固基础学科，侧重应用学科，有目标地推动新兴及交叉学科，通过有效策略和激励政策，加速领军人物的培养。首先，活用专项基金和奖励机制，对杰出人才、学科带头人及核心教师给予重点扶持，激励先行。其次，依学校实情设立首席教授、特聘教授、重点岗位，实施特惠薪酬，引培并举，以期培养成国际国内领先的学科领军人才。再次，遵照学科建设计划，推出青年骨干教师扶持项目，有意识地选拔培育优秀青年教师，为领军人物接续力量。最后，鼓励创新思维与科学探索，让优秀的青年教师置身教学科研前沿，支持他们主导或参与重大课题，通过科研合作项目实战，锻炼学术科研技能，持续推进师资队伍的优化与成长。

4. 加强以青年教师为重点的培养工作，全面提高教师的素质水平

当前，教师队伍的年轻化趋势显著，已成为高校教师队伍的一大特征，青年教师占据了队伍的主体位置。诚然，这批青年教师普遍拥有较高的学历背景，适应变化能力强，不乏海外留学经验，但这仅是成为一名优秀教育者的起点。他们必须具备坚韧不拔的敬业精神，面对诱惑时的无私奉献，以及在复杂环境下的正确判断力，这些品质需历经考验。同时，许多青年教师从校园直接步入教职，校内选拔的毕业生亦占相当比例，他们优势明显，如熟知校情、充满进取心，但也暴露出社会历练不足的短板，对社会现实、国家实际认识不够深入，实践经历有限。

在决定我国高等教育未来航向的关键因素中，青年教师的政治信念坚定性、价值观导向的正确性及其在教书育人中的敬业精神，以及他们在教学技艺、学术造诣和创新思维方面的能力，起到了核心作用。因此，加强对青年教师的培养，已成为教育行政机构及高等院校亟待完成的重要任务。

首先，需要采纳多元化的策略来提升青年教育工作者的思想政治理论素养与专业技能。举个例子，可以推行导师指导体系，挑选那些师风高尚、学术严谨且在教学与科研上成绩显著的教师，让他们担当起引导青年教师在思想政治及教育培育领域的成长和进步的责任，充分发挥中老年教师的经验传承与引领作用。同时，规划性地组织青年教师投入社会实践活动中，以助力他们深化对社会的认知，增强实践能力，并树立起从事教育事业的神圣使命意识、责任感及荣誉感。

其次，高等学府应在全面提升师资队伍的政治素养与业务能力的基础上，设计专门针对青年核心教师的培养蓝图，实施多样化的策略，激励并支持这些青年核心教师在职进修更高学位，尽早投身科研活动，赴国内外顶尖学府及重点科研机构深造学习，常规化举办学术交流活动，以此持续提升他们的学术造诣、创新能力及团队协作能力。

第二节　高校教师在学校发展中的地位

一、教师是学校发展的战略资源

教师在学校发展中扮演着举足轻重的角色，是维持学校乃至整个教育领域前进的核心动力源泉。换言之，他们是学校发展的首要资本，构成了学校发展进程中难以被其他因素所取代的关键生产力要素。而学校，则是知识传承的殿堂。

提到"战略资源"，这一概念原本应用于军事领域，指的是能对战役全局产生重大影响的资源。如今，这一术语已扩展到更广泛的领域，用来描述任何对特定事物、现象或组织的整体发展方向具有决定性影响力的资源。在知识的传授这一特定场景下，传授知识的人自然而然地成了这种战略性的资源。因为在这样一个环境中，正是这些知识的传播者持续不断地为学校的生存与繁荣注入活力与前进的动力。他们如同知识的引擎，驱动着教育机构不断向前发展。

在学校这一组织架构内部，教师通过投身于"教与学"的核心教育实践，将自己的智慧火种播撒至学生心田，不仅促进了学生的综合素质提升，也激发了学生潜能的释放，为学校组织的存续与壮大灌注了源源不断的活力，确保了学校的正常运作与持续发展。归根结底，学生的全面发展构成了学校立校的根本基石；育人为本，乃是学校存在的最本质使命，而学生培养的品质直接映射出学校的内在竞争力。换言之，经由"教与学"这一动态过程的深入推动，教师利用自身的人力资本资源，为学校的长远发展持续输送着独一无二的价值。

教育机构成立的四大前提条件之一，便是拥有合格的师资力量，这一要求本身就凸显了教师作为学校不可或缺的战略资产的地位。教师之所以被视为学校发展中不可替代的战略资源，主要基于两点显著体现。

（一）专业性使教师成为学校发展中不可替代的资源

专业性指的是在某一职业领域内需达成的具体专业知识与技能要求。大体上，专业性标准涵盖了七个核心方面：第一，从业者在执行职务时必须应用专业的知识与技巧；第二，这一职位要求经过长期且系统的培训才能驾轻就熟；第三，该工作需对社会进步作出不可磨灭的贡献，侧重于服务公众而非单纯追求经济收益；第四，从业者在专业领域能够享有相当程度的决策自主权；第五，他们需遵循严格的职业道德规范；第六，为了维持并提升专业水平，持续的学习与进修是必不可少的；第七，得到社会的广泛认可与高度评价也是衡量专业性的重要标志。

1. 从事教育工作必须广泛掌握多方面知识

审视教师行业的入门规范，可以发现投身教育事业不仅要求具备扎实的教育教学技艺，还需在特定学科领域拥有广泛而深入的知识储备。无法掌握这些基础教育与教学技艺的个体，显然难以胜任教师的职责。全球范围内，各国普遍建立了教师准入机制，无一不将知识与技能的评估作为准入的必要环节。在此框架下，教师的层级及与其相应的知识广度、学术资质成了衡量其资格的另一关键指标。举例来说，欲获得高等教育机构的教职资格，申请者通常需持有硕士及以上学位，或更高学历背景。

2. 从事教育工作必须要经过较长期的训练

尽管我国在教师职业的准入机制中并未硬性规定从业者必须出自师范教育体系，但现实中，师范院校的毕业生构成了教师队伍的主体。这些未来的教育工作者大多在师范学院接受了超过三年的系统学习与培训，经历了一段较为漫长且全面的能力培养周期。

3. 教师职业为社会发展提供了不可或缺的服务

教师是塑造未来社会栋梁的关键职业，为社会不断输出高质量的人才资源。在当下的社会格局里，人才资源已跃居首位，超越传统资本，成为宝贵的资源。在这场人力资源的挖掘与培养运动中，教师群体发挥着至关重要的作用。根据人力资源管理学者的观点，提升人力资源的效能主要有两条路径：一是通过科学合理地配置现有人才，最大化发挥其潜能；二是强化教育体系，借助教育的力量提升个人的教育背景，丰富知识库，增强技能，从而提升人力资源的整体质量。

从深层次讲，社会人力资源的发掘与提升，其核心在于教育的质量与效率，而教师，作为教学活动的主导力量，正通过教育实践，为社会提供人才培养、人力资源开发等至关重要的服务。实际上，教师职业的维系并非单纯依赖物质激励，更深层次地体现了一种奉献精神——服务于学生，服务于社会。如今倡导的

"学生中心论""以生为本"的教育理念，以及高等院校服务社会功能的拓展，都是教师职业服务精神的直观反映。同样地，诸如将教师比作蜡烛和春蚕的赞誉，也是对教师职业无私奉献精神的高度颂扬。

4. 教师必须要坚守严格的职业道德

如同所有步入专业领域的职业一样，教师职业亦需遵循一套严谨的职业道德规范。教师需谨遵宪法法律，恪守职业道德，以身作则，成为学生的楷模。教育，作为奠定社会进步与国家竞争力之人力资源的基石，直接关系着中华民族伟大复兴梦想所需建设者的能力培养。教育事业的直接承载者与推动者，非教师莫属。一旦教师未能坚守职业道德的底线，教育事业将面临严峻挑战，社会人力资源的培养与优化将失去稳固根基，进而影响到社会的整体进步与中华民族伟大复兴梦想的实现。简言之，教师的基本职业道德可归纳为"忠诚敬业、爱护学生、教书育人"，这不仅是他们应尽的基本职责，更是职业道德的核心所在。

教师职业鲜明地展现出其专业属性，全面符合专业性界定的多个关键特征。正是教师职业的这一专业特性，使其在社会与学校的发展生态系统中占据了无可比拟的位置，成为学校发展进程中的不可或缺的宝贵资源。

（二）教师有能力监护学校发展并具有相应公共品格

教师凭借其深厚的专业底蕴、卓越的文化素养，以及在教育核心——"教与学"中的核心作用，自然而然地担当起了守护学校发展方向的重任。更进一步，教师还展现出一种维护学校发展公益性的高尚品质。教育界的准入门槛本身即确保了教师群体普遍具备高水平的文化知识底蕴。众多研究与实践经验，无论是国内还是国外的，均证实了文化素养与个人能力及参与民主管理的积极性之间存在着紧密联系。概言之，知识文化水平的提升往往伴随个人能力的增强，同时激发了人们参与民主管理的强烈愿望。

1. 教师有能力监护学校发展

（1）教师对学校发展具有敏感性

教师构成了学校组织的主体大军，遍布于教育工作的前沿阵地，对学校的变化保持着高度的敏锐性。身处教育实践的最前沿，教师们对于学生学习进展与个人成长的状态掌握最为翔实，同时，他们也对学校的现状与未来导向拥有最直接的见解。教师们能够迅速捕捉到学生学习动态、个人发展及学校发展趋势的新变化，并能依凭其专业洞察力预判学校发展的战略轨迹。在学校的发展变化中，教师犹如无处不在的信息探测器，广泛搜集并及时传递来自学校各领域的发展信号。当学校的发展航道出现偏移时，往往是第一线的教师最早察觉问题，而非高层管理者。正因如此，教师群体成了守护学校发展方向的主力军。

（2）教师具有分析学校发展信息的能力

教师因其深厚的文化素养与对知识的浓厚兴趣，自发地关注并吸纳外界环境的种种资讯，再融合学校发展进程中的各种数据进行深度剖析。这种外部信息、内部发展信息与教师自身的文化知识底蕴的交汇融合，赋予了教师解析学校发展态势的独特能力，使他们能够精准抓取并理解学校发展信息的核心实质。教师不仅能够评判学校现时的发展状态是否与外界环境的需求相契合，学校内在发展愿景的实现程度，以及与既定发展规划的偏差，还能深挖问题的根源，探寻并提出有效的应对策略。

2. 教师具有监护学校发展的公共品格

美国杰出的社会心理学大师亚伯拉罕·马斯洛在其需求层次理论中，将人类的需求自低阶向高阶逐级划分，具体为：生理需求、安全需求、社交需求、尊重需求，以及位于金字塔尖的自我实现需求，共计五大类别。生理需求覆盖了如呼吸、进食、休息与性等关乎生存的基本生理机能；安全需求则触及健康保障、财产安全及个人安全等；社交需求蕴含了友谊的建立、爱情的滋养及亲密关系的维护；尊重需求不仅涉及自我价值的认可，还包括赢得他人的尊敬与对他人尊严的维护；至于自我实现的需求，作为顶层需求，包括道德修养、创新思维、自我认知、问题求解、公正态度及适应现实的能力等高级心理诉求。

教师作为一个群体，同样经历着马斯洛所述的五层需求序列，但这五层需求在教师身上体现的方式和重要性排序，受到了其较高文化素养与职业信念的深刻影响。与大多数职业群体相比，教师往往展现出对更高层级需求的更强追求。这一点，正是诸多教师即便面对艰难条件仍能坚守教育岗位的重要动力，也是社会各界对教师职业怀有崇高敬意的关键所在。在实践中，我们经常观察到教师在基本生活需求尚未完全得到充分满足时，就已经开始强烈向往精神层面的高层次需求的实现。尤其在对尊重的需求与自我实现的需求上，教师们的这种倾向尤为突出。在他们的心目中，获得尊重与实现个人价值，远比单纯的薪酬待遇和物质满足更为重要。

教师在履行教育职责时，往往将尊重需求与自我实现需求置于极高的位置，这促使他们将个人命运与学校的发展紧密相连，视之为一种相互依存、荣辱与共的伙伴关系，远远超出了简单的雇佣关系范畴。诚然，薪资待遇对于教师，尤其是青年教师的成长动力与工作热情有着不容忽视的作用，但大多数教师更为关注的焦点依然是学校的整体进步，以及在此基础上开展的"教与学"实践活动。对教师来说，培养出杰出的学生，既是无上的荣耀，也是幸福的源泉，更是实现自我价值和达成自我实现需求的最直接途径。而这离不开学校的良好运营。因此，相较于一般企业的员工，教师群体对所属教育机构的成长与发展表现出更多的关切，将个人与学校的关系视为一种共生模式。一旦教师认同并践行这种共生观念，他们对学校发展的关怀与监护，便自然地体现为一种公共精神的展现。

综上所述，教师不仅能够持续为学校的发展注入独特而不可替代的资源，同时具备全面、深入地监督并促进学校发展的能力，以及与此匹配的公共责任感。由此可见，教师无疑是学校发展中不可或缺的战略性资源。

二、教师是学校教育质量的根基

对每所学校而言，教育质量是其赖以生存与发展的命脉，这一点几乎是教育界内外人士的共识。即便是在那些组织目标日益多元化的高等教育机构中，教育质量依然是其赖以生存的根基。高校一旦失去了教育质量的支撑，它或将退化为纯粹的商业实体，或转变为单一的研究中心，甚至面临关闭的风险，因为丧失了教育质量的机构，实难称其为真正的教育机构。对学校而言，其核心竞争力的本质在于教育质量的高低。它是评价学校教育成效与竞争力的最关键标尺，决定着学校在相应教育层次和地域的教育界内的地位与辐射力。简言之，教育质量直接标定了学校在教育领域中的坐标与影响力。

换言之，只有优质的教育才能培养出众多杰出的毕业生，而缺乏大量优秀毕业生的产出，一所学校便难以立足于卓越之林。因此，教育质量实则是驱动学校持续进步与发展的核心引擎。一旦教育质量亮起红灯，轻则可能影响学校的声誉，放缓其前进的步伐；重则可能导致学校发展停滞，甚至在激烈的校际竞争中败北出局。不难看出，教育质量对于学校的兴衰存亡至关重要，是学校稳固根基、增强竞争力、迈向卓越的最根本依托。将教育质量视为学校生存与发展的磐石，以及攀登卓越高峰的坚实阶梯，绝非夸大其词。

若将学校教育视作一项服务流程，教育质量则等同于服务质量的体现。然而，与多数服务不同的是，教育无法简单遵循统一的模板选拔学生，更不应追求将每位学生塑造成千篇一律、预设标准的"成品"。教育的本质追求多元与个性化的培养。尽管学生是教育服务的直接受益者，但其成果惠及的范围远不止于此，包括家长、雇主、高等教育机构、社会群体乃至政府等均是教育服务的间接消费者。这些不同的利益相关者对教育质量的期望各异，且各自与教育服务的互动方式及依赖程度也有所区别。因此，确保教育质量的关键，便在于精心调控教育服务的实施过程，使之能够灵活适应并满足各方的多元化需求。

在各类教育受益群体中，学生及其家庭成员，还有政府，通常聚焦于教育服务的实施阶段；相比之下，高等院校和潜在雇主则更侧重于教育服务的成果，即毕业生所展现的特质是否符合其特定需求。从技术上讲，教育服务的可调控部分主要围绕着"教与学"这一核心环节展开。然而，"教与学"的过程本身极其复杂且高度专业化，加之教育目标的多样性，使看似可操控的教学过程实际上充满了变数与挑战。这种复杂性与目标多元性，使"教与学"的直接参与者——学生和教师，成了这一过程最直观的感受者与调整者。但学生由于心智尚在成长阶段，理性认知及有效表达自身教育需求的能力有限，这在一定程度上减弱了他们对教育服务过程的准确反馈与影响。

因此，教育服务的进程在很大层面上实际是由"教与学"这一互动中的另一位主角——教师主导。教师不仅是教育服务的直接供给者，承担着对"原材料"——学生进行培育与塑造的重任，还兼具教师职业特有的专业属性与教学自主权。教师对教育质量的个人认知、秉持的价值观念，以及教学时的态度，都会在极大程度上左右最终的教育质量。换言之，教师作为教育质量的塑造者与守护者，其专业视角、价值观和教学热忱深刻地影响着教育服务的质量与效果。

在学校教育实践里，学生迥异于工业化生产中的被动原料，他们是拥有独立思想与主观意识的生命体。在"教与学"的过程中，学生展示出主动性和选择性，这使教育成为一个双轨互动的动态进程。一旦教师赢得了学生的信任与认同，其价值观便会深深根植于学生心中，产生深远影响。有时，教师在教授过程中的某一句话，可能就会改变学生一生的轨迹。同时，在教育的舞台上，教师还是一位导演与管理者，其对课堂的驾驭与管理艺术直接影响教育服务质量。科学合理的课堂管理策略往往促成班级整体学业水平的提升，而教育资源的均衡分配则是保证每位学生都能公平享受高质量教育服务的关键。

总而言之，教育质量的高低在很大程度上取决于教师的整体素养、价值观及其实践行动。教师，由此成为教育质量的基石所在。教育质量的优劣，关键在于教师的素质、工作态度、教师的成长与发展以及资源配置。其中，教师的成长与发展是最为核心的影响因子。

第三节　高校教师管理制度与教师发展

一、教师薪酬制度与教师发展

在马斯洛的需求层次理论框架下，教师群体与其他行业从业人员在需求结构上展现出特有差异，他们对尊重需求及自我实现等更高层次的精神追求更为重视。然而，身为社会成员，教师同样承载着生活的现实压力，拥有基本的生理与生存需求。只有当这些基本的物质需求得到充分满足时，教师才能卸下负担，全身心投入更高层次的精神追求中，致力于个人成长，进而为学校发展与教育质量的提升贡献力量。教师薪酬不仅是满足其基本生活需求的基本保障，也是激发教师发展潜力、促进其职业发展的重要激励工具。

（一）相关概念

1. 教师薪酬

教师薪酬，这一概念指的是教师因其所从事的教育教学工作而获得的经济补偿，涵盖了工资、奖金及其他实物福利等形式，也常被称为教师的劳动所得。它代表了国家或教育机构依据教师的辛勤劳动与贡献，向教师个人提供的物质奖励，其制订与调整过程紧密关联着教师劳动的特殊性质与需求。

2. 教师薪酬管理

教师薪酬管理这一概念可根据其涵盖范围的宽窄，区分为广义与狭义两种解释。广义上讲，教师薪酬管理是教师人力资源管理体系中的一个核心组成部分，全面覆盖了与教师经济回报相关的所有方面，如薪资、奖金、补助、福利及服务等，不仅涉及教师薪酬的设定标准、薪酬架构、构成元素以及发放形式，还囊括了薪酬方案的设计、管理政策的出台等整个薪酬管理策略的制订与执行过程。而从狭义角度理解，教师薪酬管理更多聚焦于既定薪酬制度的实际操作与执行层面，涉及薪酬的具体分配策略、组织落实、协调平衡、沟通交流及绩效评估等日常管理与控制活动，旨在确保薪酬体系的有效运行与优化。

（二）教师薪酬的表现形式

教师薪酬的表现形式多样，其核心组成部分普遍涵盖工资、奖金、津贴及各种福利等。每一种薪酬形式背后，都映射出独特的管理哲学，而这些不同形式的薪酬在总薪酬中的比重分配，则微妙地揭示了教育机构对于教师管理的特定价值导向。这些差异化的薪酬设计，对教师个人的工作态度、行为模式及职业发展均施加了各具特色的影响力。

1. 工资

工资构成了教师收入的主体板块，是国家或教育机构定期向教师发放的、用以报偿其劳动付出的固定现金收益。它在确定其他变动性薪酬方面扮演着核心参考角色。工资因其稳定性而广受教师群体欢迎，为教师提供了生活上的可靠经济支撑；同时，学校也倾向于采用这种方式，因为它便于计算和进行成本管控。尽管工资制度受到教师与校方管理层的广泛接纳，但仅依赖此单一模式支付薪酬的做法也遭到了多方质疑。工资通常与教师的工作投入及成果缺乏直接关联，难以有效激发教师的工作动力与积极性。

2. 奖金

奖金作为一种变动薪酬成分，其激励效应显著，是基于教师超出常规或超越平均水平的额外贡献而给予的金钱奖励。它直接与教师的工作绩效挂钩，绩效的波动直接影响奖金的多寡，体现了按劳分配的原则。奖金的灵活性、时效性和荣誉性，使其在合理运用时，能极大地激活教师的工作动力，激励教师自发地追求专业成长与自我提升。

3. 津贴

津贴作为现代教育体系中教师薪酬体系的一个重要组成部分，承担着调节地域与工作条件差异及激发工作动力的双重任务，旨在弥补教师在特殊工作环境下额外的生活开销与劳动消耗。在中国，津贴的几种典型形式包括地域性津贴、生活补助、职务津贴和职称津贴。地域性津贴特指为那些在偏远艰苦地区或经济欠发达地区以及农村任教的教师提供额外补贴，以鼓励教育人才流向这些关键区域。生活补助则是为了抵消教师在特定情况下额外增加的生活成本，如寒暑假期间的生活补助和应对物价上涨的补贴。而职务津贴和职称津贴则是针对担任特定职务或达到一定职称的教师，由于其基本工资未达到相应职位或职称的理想薪酬标准而提供的补充，以确保其待遇与职责相符。

4. 福利

福利，亦称边缘薪酬，是学校为了确保教职员工的健康福祉及生活稳定，在基本薪资之外提供的各类辅助与优惠，可视作学校整体报酬体系中的额外馈赠。福利既可呈现为货币形态，也可为实物或服务等形式，涵盖了保险福利、抚恤福利、教育培训资助、带薪假期等多种形式。教师享有的带薪寒暑假即是其中的一项重要福利。此外，某些学校还可能提供餐补、交通补贴，设立免费或低成本托幼服务，成立教职工俱乐部等，这些都是福利体系的组成部分，旨在提升教师的生活质量与工作满意度。

（三）教师薪酬设计的理论依据与原则

教师薪酬设计与其劳动特殊性紧密相联。

1. 教师劳动的特殊性

（1）教师的劳动对象和任务具有复杂性

教师的劳动对象是学生，他们各具特色，无论是性格特质、先天潜能还是既有知识基础，皆展现出多样化的差异。在教育实践中，教师需依据每位学生的独特性格、潜能与既有知识层次，灵活调配教育资源，采取适宜的教学策略，实现个性化教学。教师职责的复杂性还体现在"教与学"的互动中，教师需全方位引导学生成长，不仅在智力上，还在品德、体质及美学修养上促进学生的均衡与全面发展，确保学生综合素养的全面提升。

（2）教师的劳动还具有表率性

教师应当践行"为人师表"的准则，这不限于传统的教学互动环节，还深深植根于教师平日生活的点滴言行之间，意味着教师无时无刻不处在塑造榜样形象的状态，无论是在教室之内还是日常生活之中。从这一标准来看，教师的职业角色几乎是全天候的。

（3）教师的部分劳动具有隐蔽性和灵活性

教师劳动的一个显著特点是其隐蔽性和灵活性，这两大特性使教师的付出难以用精确的尺度来衡量。教师的工作远远超出了规定的授课时间，涵盖了作业批改、课外指导、针对特殊需求学生的个性化辅导，以及不断提升自我专业能力等多方面内容，这些往往在无形中消耗着教师的时间与精力，体现了劳动的深度与广度。

（4）教师的劳动在时间和空间方面都具有灵活性

在常态下，仅凭教师在办公室或教室的停留时间来评判其工作勤奋程度往往是片面的。教师即便不在这些物理空间内，也可能正处于工作状态之中，如进行家访、与学生进行心灵交流，甚或在日常散步时，脑中仍在构思教学策略、科研议题等与职业紧密相关的内容，这些非正式场合下的思考，其价值与启迪意义有时候不亚于正襟危坐在办公室或实验室里。正因教师劳动具有这样的特殊性和复杂性，在确定教师薪酬时，就需要灵活融合多种薪酬理论与原则，以全面反映其贡献与价值。

2. 教师薪酬设计的理论依据

19世纪90年代，英国经济学家阿尔弗雷德·马歇尔在其著作《经济学原理》中首度阐述了供求均衡工资理论。这一理论核心指出，工资水平、不同职业及行业的就业规模，乃至企业用工数量，均受劳动力供需关系的左右；劳动力边际产出决定了劳动力需求的价格基准，而维持劳动者基本生活所需的费用则框定了劳动力供应的成本底线；工资的平衡点，恰巧落在劳动力供应与需求价格曲线的交会之处。这一供求均衡工资理论，为确立教师薪酬中的薪资部分提供了理论依据。

效率工资理论常解释高薪酬为一种组织策略，旨在预防员工懈怠，通过提供激励以促进其勤勉。其核心逻辑在于，支付超越市场平均水平的薪酬能激发员工积极性，从而带动组织效能的飞跃。该理论主张，效率工资不仅激励员工提升工作效率与绩效，同时扮演筛选角色，吸引更多精英人才加盟，类比古时"千金市骏骨"，以显诚意招贤纳士。效率工资理论可为教师薪酬中的奖金与福利设计提供灵感。补偿性工资理论源自英国经济学家亚当·斯密的见解，他认为，个体在择业时应权衡职位的正反面，选取净收益最优的选项。据此，亚当·斯密主张，除基本薪资外，雇主应依据职位的额外价值进行补偿，比如，工作环境的舒适度、技能学习的难易及成本、承担的责任大小、成功的概率等因素，均应反映在薪酬上。简言之，若工作环境艰苦、技能习得不易、责任重、风险大，企业就应通过额外补偿，确保员工得到公正对待。这一理论为教师薪酬制定时考虑工作特性与环境带来的额外负担提供了理论支撑。

教师无疑是一种高难度、高成本投入及需承担重大责任的职业，这些特性恰与补偿性工资理论的核心理念相吻合，该理论适用于指导教师薪酬中津贴部分的设定，以补偿教师因工作特殊性而产生的额外付出。

公平工资理论的著名倡导者霍曼斯则强调，报酬的分配应基于三个关键维度来考量，以确保工资的公正性与合理性。

①任何个人在某一工作领域中，从团队获取的经济报偿应与其在另一领域为该团队创造的价值呈正比。

②团队中的每位成员所得到的回报应与其对团队的投入相匹配，成正比关系。

③成员所接受的报酬，应与他们承担的领导责任及其下属无须承担的成本呈正比。公平工资理论为教师薪酬的各种构成部分提供了宝贵的规划指导。

3. 教师薪酬设计的原则

设计教师薪酬体系必须坚持公平性、竞争力和经济效益等基本原则。惟有这些基本原则在薪酬制度中得到充分贯彻与体现，才能有效激发教师的内在动力，进而推动整个教育机构的正向发展。

（1）教师薪酬设计应当遵循公平原则

公平原则是教师薪酬体系构建的基石，强调在设计时需关注内部公平的和外部公平的一致性。内部公平意味着在同一教育领域内，教师应依据其贡献获得相当的经济回报，确保同工同酬。外部公平则是指在与外部行业对比时，当教师的劳动强度和技能要求相似，其薪酬应与之相匹配。作为经济行为者，教师自然会从成本与收益的比例来评估其所得是否公平，这直接关系到其对薪酬的认可度与公平感。薪酬的内部不公或外部失衡都可能导致教师对薪酬的不满，减少其认同感及公平感知，进而影响到工作热忱和职业忠诚度，降低工作效率。任何行业，员工若感到薪酬待遇不公，都可能削减工作动力，影响对职业的认同与投入。因此，教师薪酬的设定应参考教育行业及本地其他行业的薪酬标准，确保不低于区域平均水准，同时依据供求平衡工资理论，考虑市场供需动态，以避免优秀教师的流失，因为这直接关系到教学质量，影响学校乃至整个教育事业的兴衰。校内薪酬差异过大同样会伤害教师的公平感，挫伤积极性，诱发消极怠工，有碍学校的持续健康发展。

综上所述，教师薪酬设计的公平原则旨在确保薪酬体系在内外两个维度上均体现出公平性，既要实现分配结果的公平，也要确保分配过程的公平，以维护教师的权益，激发其工作动力，促进教育事业的繁荣。

（2）教师薪酬设计应当遵循竞争性原则

学校欲保持并激励优秀教师队伍的发展，就必须在薪酬设计中融入竞争性要素，摈弃简单的平均主义倾向。竞争原则实则是对公平原则的深化，它不仅追求横向的平等，也强调纵向的效能公平，要认识到绝对的均等并不等同于正义。

竞争原则旨在激发教师提升个人能力和增强工作表现，其部分内涵是对内部公平原则的进一步拓展。在一所学校内部，若所有教师的薪酬均维持在平均水平，很可能无法有效激励教师的积极性，导致大家安于现状，仅满足于完成例行工作，不再追求突破。这种状况下，学校或许能维持日常运营，但对于学校发展和教育质量的提升则鲜有助推力。若视教师为理性经济主体，他们会寻求投入与产出的平衡点，若仅满足于平均水平，投入与产出看似平衡，但缺乏进取；而投入过少则易招致批评，过多又感觉不值当。

竞争性原则的另一面还涉及对外部公平的扩展。根据效率工资理论，超出市场标准的薪酬能有效提振员工的积极性。在教育领域中表现优异的学校，往往会将薪酬设定在市场偏上的区间，借此在招募顶尖教师时，凭借其有竞争力的薪酬优势，更容易吸纳并巩固优秀师资力量，形成良性循环，持续增强对杰出教师的吸引力。

（3）教师薪酬设计应当遵循经济原则

经济原则，简言之，就是在保证目标达成的同时追求成本最小化。学校在提升教师薪酬以吸引卓越人才的同时，不可避免会面临成本上升的现实。教师薪酬的提升同样遵循边际效用递减规律，即教师薪酬到达某一阈值后，继续增加对教师工作表现、个人成长及学校发展所带来的增益逐渐减少。因此，教师薪酬需设定在一个合理的区间，而非无限制地拔高。

教师薪酬设计需权衡成本效益，确保对教师工作动力和职业发展的激励效果。理想状态下，教师薪酬的边际收益应等同于边际成本。但在实际操作中，这一理想状态难以精准实现。实践中，学校应致力于以较经济的成本维持薪酬在人才市场的竞争优势，并确保教师对薪酬的满意度较高，以此作为平衡点。

（四）教师薪酬对教师管理和教师发展的作用

1. 教师薪酬对教师发展的保障作用

实质上，教师的薪资可视为其劳动能力作为一种生产资源的价值体现，是教师作为劳动力供给方与需求方在市场供需契约框架下形成的一种协议。根据这一契约，由于利用了教师的劳动能力，消费者以薪酬的方式对教师的辛勤努力做出回馈。

对教师来说，获取的薪酬不仅是满足日常生活基本需求的保障，也是对他们个人成长进修、抚育后代、支持长辈等方面的物质支撑，弥补了他们在教育工作中投入的心力与体力成本，激励他们能够持续且更加充满活力地投身于教育事业。

参照马斯洛的需求层次理论，个体惟有当底层的生理需求得到充分满足后，才会自然而然地向往并追求更高级别的需求。教师这一群体，尽管角色独特，但作为社会成员，一样承载着抚养下一代、照料长辈等社会责任，同样面临生计的现实考量。

因此，尽管教师相较于其他群体，对基础物质满足的迫切性可能较低，但他们仍需要一个稳定的基本物质基础作为支撑，以此释放出更多的时间与能量，去探索和实现更高层次的精神与职业追求。尤其在当下高度分工的社会结构中，合理的薪酬不仅是生活的必需，更是教师攀登至自我实现更高需求层次的重要阶梯。

2. 教师薪酬对教师管理和发展的信号作用

教师薪酬的构成、架构及其标准，实质上是一种富含深意的信号传递。它们悄然蕴含着关于教师管理体系的价值观念与导向，对引导教师队伍的建设与个人职业发展具有不容小觑的影响力量。

（1）教师薪酬对教师管理和发展具有表征作用

教师收入的整体水准宛如一面镜子，映射出社会对教育领域与教职岗位价值的认可程度——薪酬标准越高，意味着教育事业与教师角色在社会中的价值认同与尊崇程度愈加深厚，相应地，教师的社会地位也随之提升。而从教育界内部视角观之，每位教师的薪酬额度，则是个体在同行间价值被肯定的程度与地位高低的直接标尺，体现了其在行业内所处的认可层级与贡献评价。

（2）教师薪酬对教师管理和发展还具有引导作用

教师薪酬具有的表征作用顺理成章地促成了其引导作用的形成。

于宏观层面观之，教师薪资不仅是社会地位与价值认同的度量衡，更犹如一盏航标灯，指引着人力资源在教育与其他行业之间的流通路径。当教师所得映射出的地位与价值超越了社会一般水平，便如同引力场般吸引着其他领域内的佼佼者转向教育领域的怀抱，投身教书育人的事业。

而从微观层面深入剖析，教师个人在业内薪酬阶梯的位置及其背后所蕴含的行业内部价值评判体系，连同薪酬架构中潜藏的管理哲学，共同为教师铺设了一条清晰可见的成长路径。举例而言，若某教育机构将科研成就置于极高的地位，其薪酬设计无疑会凸显对科研成果的倾斜，无形中激励教师倾注心力于科研能力的精进。反之，若另一所学校强调教育质量至上，并通过薪酬结构明确反映出对卓越教学的丰厚回馈，教师们则会受到鼓舞，致力于教学技艺的提升与教育成效的优化，以期在提升教育质量的道路上不断前行。

3. 教师薪酬对教师发展的激励作用

薪酬不仅是教师职业安全感和稳定性的一道防线，更是点燃工作热情、激发潜能的火种。作为教师管理策略的核心组成部分，激励机制通过薪酬体系彰显其不可或缺的价值，毕竟激励本身即为管理艺术的精髓。一旦教师薪酬框架内融入竞争因子，其对教师成长的鞭策效果将越发显著，此时，薪酬超越了简单的物质鼓励范畴，化身为衡量个人成就与成长进度的标尺。对教师群体来说，这种关于自我实现与成长的驱动力，其激励效能堪比直接的经济报酬。正如马斯洛需求层次理论所强调，高层次需求的满足对个体尤为重要，故而他极力主张教育机构应创设环境，让教师能迈向自我实现的巅峰。教育界的每一位成员——学生、教师乃至管理者，在追求自我完善的征途上永不止步，这份不懈追求构成了持续推动教师个人发展的不竭动力源泉。

二、教师人事管理制度与教师发展

教师人事管理构成了教育管理体系的中枢环节，其中，一个健全且积极的管理制度及文化氛围，对促进教师个人成长与发展具有不容小觑的正面推动力；相反，若管理制度落后于时代需求，便会成为制约教师进步的绊脚石。

（一）教师的聘任制度

1. 教师的任用资格

教育品质的优劣，在极大程度上，是教师素养的直接映射。鉴于此，众多国家纷纷借助法律法规等制度化手段，确立教师准入门槛，以确保师资队伍的优良。如我国颁布的《中华人民共和国教师法》、日本推行的《教员许可法》，均是通过法律条文，严明了成为教师所需满足的条件。在德国的教育体制中，普通中小学教师的培养路径规定在综合性大学内完成，学生需在大学二年级基础课程中取得合格成绩，并顺利完成师范教育课程，才有资格申请教师执业许可。转观英国，大学毕业生若欲获得教书育人的资格证书，还需经历一年的专业教育与教学技能培训。

2. 教师的任用方式

教师的聘用机制在全球不同地域及同一国家历史演变中展现出多样性，这与各地教育发展的成熟度及教育管理体制的具体构造密切相关。历史上，在我国实施集中统一教育行政管理的阶段，教师配置遵循的是上级教育行政与人事管理部门依据规划向学校指派人员的"派任制"。而随着改革开放的推进，"派任制"逐步淡出历史舞台，取而代之的是更加灵活、注重双向选择的"聘任制"，标志着教师聘用体系的重大转型。

3. 教师的任用流程

不同层级的教育机构在教师聘用程序上存在差异，这一点在我国高校教师与普通学校教师的招聘流程对比中尤为显著。高校因对教师专业要求更高，从而在选拔录用方面享有更大的自主权。

当前，我国普遍采用公开竞聘的方式来招募教师。具体到高等教育机构，这一过程涉及各学院或系部先向学校提交用人需求，获校方批准后，由人事部门对外公布详细的招聘要求。接下来，应聘者报名，由相关院系首先进行资质预审，并安排初次面试。面试成功者还需通过体检及额外考核，随后，人事部门将与合格者签订聘用合同，并向上级教育行政主管部门如省教育厅等单位报送备案，完成整个聘用流程。

（二）教师的培训制度

参与培训，作为教师的基本权益与责任共存，深深嵌入教师人力资源管理的核心环节。与此同时，教师评估——一项依据国家既定职务标准与职责要求，融合定性分析与定量数据，对教师工作展开周期性或非定期审视与评判的过程，同样是教师管理实践的关键一环。

教师培训活动涵盖了离岗进修与在职提升两大类，这里特指后者。在职教师培训，旨在无须教师离职的情况下，通过系统化、前瞻性的规划，促进教师的知识更新与能力升级，同时强化其教育信念，旨在回应教师个人成长诉求，精进专业知识与技巧，树立正确的教育态度。

教师培训的实施形态多样，例如，授课型培训、自学模式、实地考察学习、专题研讨、团队交流讨论等。这些培训模式覆盖广泛，内容设计紧贴实际需求，大致可概括为五大板块：教学方法论、班级治理策略、师德培育、考试与评价机制，以及教学技巧的精炼与创新。

教师培训的驱动因素源自内外双重动力。一方面，社会前进的脚步、教育事业的蓬勃进展，以及教育实践的内在挑战，共同对教师提出了持续精进职业能力的迫切需求，这通常体现为培训组织对教师设定的培训目标，可称为外源性培训需求。另一方面，教师在适应外界变化的过程中，内心深处也会涌动着自我提升与发展的强烈愿望，希冀通过增强自身的教育与教学能力来达到自我实现，这种由教师自发产生的学习欲望，构成了内部培训需求。

（三）教师人事管理制度对教师发展的作用

教师的选拔任用、教育培训及绩效评估，每一环都深刻影响着教师个人的职业成长，并对整个教育生态的进步发挥着举足轻重的作用。一个科学合理的教师人力资源管理体系，其对教师进步的正面效应主要体现在三个方面：一是巩固并提升教师的专业化水平，二是通过监督指导加速教师的内在成长，三是构建并维护一个有序的教师发展环境。

1. 保持和提升教师的专业化程度

教师职业的专业化水平不足一直是教育领域亟待攻克的关键难题，与医疗、法律等行业相比，教师职业在专业化道路上显然滞后。因此，提升教师的专业素养成了教师成长的核心内容与终极追求。

教师培训是增强教师专业化程度的重要途径。教师专业化不仅涵盖对其教授学科的深度知识与技能的掌握，还包括全面的教育教学技巧，高尚的职业伦理观，以及持续自我提升的意愿与能力。这是一个动态演进的概念，其内涵随社会变迁和技术进步而不断深化，专业化的基准线也随之上升。这意味着，今日被视为达到专业化标准的学科知识、教学技能、职业道德、自我发展意识等，未来却可能不再满足专业化的标准。因此，如何确保并提升教师的专业化水平呢？答案在于持续的教师教育与教师个人的自主学习，这两者是更新各专业化构成要素，与社会科技进步保持同步，确保知识、技能、职业道德及自我提升能力与时俱进，从而稳固并提升教师专业化程度的关键。

2. 监督和促进教师自我发展

教师的成长动力虽源自个人内外两面，其实现却离不开教师主体的主动践行。尽管教师内心普遍蕴藏着自我提升的渴望，但并非每个人都能自发地将其转化为实际行动。因此，单凭教师的自发性来驱动个人发展既不切实际，也不够全面，外部的规范与监管机制显得同等重要，两者相辅相成，缺一不可。在此过程中，教师的薪酬体系、绩效评估制度及日常管理规程扮演着至关重要的角色，共同构成了激励、导向和监督教师自我提升的外部框架。

全球范围内，尽管教师评价的标准与方法千差万别，但普遍将评价结果与教师的聘任、晋升、职位调整、评优及薪酬挂钩。教师若无法坚持不懈地进行自我学习与提升，其评价结果难言乐观，进而直接影响其晋升、升职、评优及收入水平。在极端情形下，教师可能面临被解雇的风险。此外，日常工作中，教师因个人能力欠缺或工作态度问题引发错误，常会招致学校或其他教育管理部门的相应处罚，违法者还需承担法律责任。由此可见，针对教师不当行为的管理制度形成了一种潜在的约束力量，驱使教师持续自我完善与发展。

实际上，教师管理制度在促进教师个人成长的路径上，既扮演了激励者的角色，也承担规制者的重任。心理学领域的研究成果揭示，激励机制通过正面强化教师的进取行为，有效增强了教师自我提升的动力；相反，惩罚措施则通过对消极行为施加约束，削弱了教师自我发展中的惰性倾向。

综上所述，学校通过其管理系统中的激励与惩罚策略，巧妙地调控和引导教师的行为表现，旨在构建一个既能有效监督又能积极推动教师自我发展的教育环境。

3. 维持教师发展秩序

教师发展不仅关乎个人进步，还牵涉团队协作与互促共进。教师发展行为不仅体现在个人层面，亦展现在集体活动中。教育质量的根本提升，依托于教师团队的整体跃升，而这离不开一个健康有序的教师发展环境。营造这样的环境，固然需要教师个体的自觉自律，但更关键的在于建立健全规范的教师管理制度。缺乏秩序的教师发展道路只会陷入混沌与挫败。

管理的本质蕴含权威与执行力，而良好的管理制度能够使教育主管机构和学校有条不紊地制订重点突出、层次分明、针对性强的教师发展规划，合理配置教师资源，有力推动教师队伍的集体进步与相互促进。无论是在国家层面还是在学校层面，用于促进教师发展的资源总是有限且宝贵的，因此，要求所有教师按照同一节奏、同一标准发展既不现实，也不科学。

第四节　高校教师管理的创新策略

一、教育资源分配公平导向的教师管理与创新发展

在教师管理和个人成长的议题中，教育资源的公正分配扮演着核心角色。它不仅促进了全国范围内教师队伍发展的均衡性，还加深了教师的职业归属感，正面影响了他们的工作态度及个人成长的主动性。教师本身就是教育的宝贵资源，其发展的不均衡直接关系到学生能否平等地享受教育资源，进一步影响教育的起点公平、过程公正及结果的合理性。教育资源的非均衡分配，还会削弱教师对管理制度的信任与接纳，降低了管理制度的正当性与执行力。因此，教育资源的公平配置既是教师管理工作中的重要因素，也是影响教师发展的关键变量。当前，我国在教师薪酬体系、培训机会等方面显现出的不公平现象，根源仍在于教育资源分配的不均等性。

（一）教育资源分配公平导向的教师薪酬管理

以公平为核心目标的教育资源分配策略，特别是在教师薪酬管理上的应用，旨在确保满足教师维系生活与职业成长的基本需求，这一需求具体体现在四大核心维度：

第一，教师的薪酬标准需与同等劳动强度的其他行业保持相当，确保行业间的薪酬对等性。

第二，薪酬体系需跨越城乡及东西部地区界限，实现基本的均衡与公正，缩小区域间的薪酬差异。

第三，教师个人所得应严格遵循劳动与回报相匹配的原则，确保每一份努力都能得到应有的经济回馈。

第四，薪酬结构内部应体现差异性公平，即对处于不利地位的教师群体实施适度补偿，以示公平与关怀。

薪酬制度全方位融入这四大原则，才能确保既有教师队伍的稳定并吸引外部精英加入教育行列，壮大高质量师资力量；才能激发教师自我提升的积极性与主动性；才能在城乡及东西部之间均衡部署优质教师资源，从根本上推动教育资源公平分配的进程。

（二）教育资源分配公平导向的教师培训

以公平为原则的教育资源配置在教师培训领域的体现，实质上聚焦于培训资源的公平分配问题，其核心在于资源的合理安排与使用。具体而言，"谁来培训"探讨的是培训资源的供应方及其提供的培训内容特性，即由谁来提供何种质量与类型的教师培训资源；"培训谁"关注的是培训资源的受益对象选择，即如何决定哪些教师能获得并利用这些培训资源；"培训什么"则涉及培训内容的设定，即培训提供者需决定向教师学员提供哪些具体的知识与技能训练；"如何培训"则是关于资源分配与传授方式的策略，即采取何种方法和途径将教师培训资源有效地传达给受训教师。

1.谁培训的问题

教师培训本质上是一项公共服务任务，其成本理应由政府来承担。作为公共事务的一部分，确保教师培训的公平性应当占据首要位置。目前，我国教师培训的资金主要源于政府，尤其是地方政府在这一领域扮演了重要角色。然而，这种地方主导的资助模式可能无意中引发了公平性的问题：各地财政实力的差异，直接导致了教师培训资金的地区不均衡性，进而影响了培训服务的公平供给。为了响应教育资源均等化的呼吁，政府在教师培训经费的承担上，应当强化中央层面的投入，并细致考量中央财政如何在各区域间均衡施力，以推动教师培训作为公共服务的均等化进程，确保每位教师无论在何地区，都能享受到平等的培训机会且高质量的培训资源。

2.培训谁的问题

我国在决定教师培训受众——"谁应接受培训"的问题上，面临着如何确立公正筛选标准的挑战。鉴于培训资源的稀缺性，对培训对象进行合理挑选成为必要之举，但遗憾的是，当前我国尚未形成明确且具体的选训准则，公平性因此难以保证，这也常常让培训执行机构陷入两难。实质上，选择培训对象的过程，就是决定哪些教师能够获得培训资源的机会分配问题。构建一个公正的选训机制，对于确保每位教师均等享有培训机会至关重要，这是在遵循教育资源公平分配原则下，教师培训体系不可或缺的组成与准则。

3. 培训什么和怎么培训的问题

在追求教育资源公平配置的背景下，教师培训还需致力于培训内容与方法的标准化，并促进各培训机构间的协同合作与经验交流，以确保培训资源分配的程序正规、实施公正，进而在结果上达到真正的公平。

简言之，遵循教育资源公平分配原则的教师管理，通过精心设计薪酬体系、优化任用流程、强化培训机制等多方位管理策略，旨在实现有利于教师成长的资源均衡分配，确保每位教师在发展机会、发展过程及成果上都能享受到公平，以此途径提升教师队伍的整体素质，最终促进教育质量的全面提升。

二、高校教师管理指挥系统的创新探索

（一）高校教师管理指挥系统的建立

教师管理指挥系统的核心作用在于搭建领导者与执行者之间的桥梁，通过精心策划的管理策略、畅通的沟通渠道及高效的组织协调，激发执行者向既定管理目标奋力前进。此系统通常涵盖以下四个关键要素。

1. 人员系统

人是指挥系统的核心要素，缺乏人的参与，人际互动与领导指导便无从谈起。指挥系统的构成基础在于人员的配比，分为指挥者与被执行指挥者，两者基于不同的职位角色，承担不同的责任，这正是组织结构的内在逻辑所决定的。

指挥者凭借组织授权履行其领导职责，运用多种策略推动被执行者执行其指定的任务，而被执行者则主动接受指令，积极参与任务的执行。值得注意的是，被执行者并非机械地遵从，而是应被鼓励在指挥系统中积极发挥作用，成为主动的参与者。

在教师管理的指挥架构里，部分管理者扮演指挥者的角色，即我们常说的领导者。他们基于目标定向和实践经验，设定阶段性任务及执行策略。然而，领导者的理解可能存在偏颇，精力亦有限，偶有任务偏离整体目标的情况发生。这时，被执行者需主动思考，发现问题并迅速解决，以确保总体目标的达成。此过程中的调整，常规上需得到指挥者的认可，以确保指挥系统的顺畅运作。尤其在教师管理的指挥系统中，这种协调机制显得尤为重要。

2. 信息系统

除人员系统以外，指挥系统中不可或缺的还有信息交流的桥梁，它连接着个体与个体。这些信息交流既涵盖了指挥体系内部的指令传达、任务布置，也涉

及了外部环境信息与内部的交互，比如，对环境变化的洞察、团队成员的信息处理能力，以及团队行为动态的把握。尤为重要的是，指挥者必须具备敏锐的洞察力，能够捕捉到外部环境的微妙变化，以此作为决策的依据。当前社会环境的快速变化，为高校教师团队建设带来了前所未有的挑战。因此，指挥者基于对环境信息和内部情况的综合研判，迅速做出的适应性决策，对于稳固教师队伍、提升教师队伍的整体素质、激发教师的工作热情，都是至关重要的策略。

3. 制度系统

在指挥系统内部，并非所有事务都需要指挥者亲力亲为，逐一做出决策。诸多日常管理操作实则无须指挥者直接下达指令。构建一套健全的管理制度，实则是指挥者间接指导的一种高效途径。将常规性教师管理活动通过明确的规章制度予以规范，是指挥系统中不可或缺的一环。鉴于个人精力有限，指挥者应将重心置于重大事务之上。对常规管理议题，指挥者可通过权限下放，让被执行者自行解决，更关键的是，以制度固化流程，提升制度的严谨性与权威性，确保被执行者遵循间接指令，以提升指挥系统的效能。这一策略不仅提高了指挥效率，还避免了因个人因素导致的系统失效。若每一管理细节皆需指挥者直接干预方能执行，管理效率将极其低下，无法满足现代管理的高标准。因此，现代高校教师管理指挥系统亟须一套完善的制度系统作为支撑。

4. 控制系统

领导者发布的指令有时难免会与教师管理的终极目标有所偏离。尤其是当管理指令被固化后，在管理系统的运作中，或是由于管理者对规则理解的偏差，或是规则本身无法适应新环境，都可能导致管理上的错误，从而引致指挥系统功能瘫痪。因此，管理指挥系统必须内置自我纠偏机制，而这一机制的实施则依赖于控制系统。在高校教师管理场景下，控制系统可以是教师管理委员会之类的组织。该组织负责监控教师管理流程中的指挥与执行错误，并进行必要的调整与修正，确保管理行为始终对准整体目标。

以上系统共同构成了教师管理指挥系统，每一部分都不可或缺。人员系统作为指挥系统的主角，既是管理规则的制定者也是执行者；信息系统作为纽带，保障了指挥系统的流畅沟通与高效运作；制度系统作为指挥理念的拓展，确保了系统的高效性；而控制系统作为关键守门员，防止系统偏离既定的总目标。

（二）高校教师管理指挥系统的完善

构建教师管理指挥系统是教师管理组织构建的核心组成部分，而确保其正常运作并持续优化，则是发挥指挥系统效能的内在需求。如同所有系统一样，教师管理指挥系统亦历经创建与维护两大阶段，且维护工作往往比初期构建更为关键且复杂。世间万物皆处于动态变化之中，这种变化不仅限于物质生产与经济活动，教师管理领域亦然。因此，教师管理指挥系统必须具备高度的适应性，不仅要依靠其内部控制机制应对变化，更需超越此框架，不断寻求指挥系统自身的改进与完善。

1. 人员系统的完善

教师管理指挥系统本质上是一个以人为本的生态系统，其中，人员系统不仅是核心要素，也是该系统高效运作的关键所在，其健全与否直接关乎整个指挥系统的性能表现。

（1）人员素质的提高

优化人员系统，首当其冲是提升人员的整体素质。这一提升涵盖两个方面：一是增强指挥层的素质；二是提升执行层的素质。

对于指挥层，素质提升侧重于政策理解深度、领导力及领导艺术的精进，特别是决策能力的飞跃。指挥官需精通管理内容，熟练掌握信息，具备应对紧急情况的应变能力，更要擅长识人用人，激发团队的积极性。在管理教师这样一群高素质人才时，这种能力更为关键，因此管理者必须具备高水平的综合素质，尤其是出色的领导能力。

执行层素质的提升，是人员系统完善的另一支柱。所有管理行动的落地，最终依赖于执行层的实施。这里的执行层，多指教师管理组织中的基层管理者，他们的素质提升包括：深化管理学识，增强对教师心理及行为特质的理解能力，以及掌握教师管理的专门技巧等。

人员素质提升通常可通过以下三种策略来实现：

①脱产进修：获取管理理论与教育科学知识的理想途径莫过于脱产进修。通过一段时间密集的学习与提升，旨在构建和完善个人的知识体系。

②实战经验积累：鉴于教师管理本质上是一项实践活动，管理经验的积累必须在实践中完成。因此，重视在实际管理活动中锻炼和提升管理者的各项能力，是提升管理者素质的必经之路。

③内在修养的持续精进：提升管理者素质的核心在于不断加强内在修养。外在的助力只有转化为内在的动力，才能成为推动管理者素质提升的关键要素。

（2）人事协调

一个高效的指挥系统背后，离不开一支强有力的指挥团队。在这个团队中，成员间的和谐协作关系极为关键。要实现这一目标，团队中的每个成员都需秉持统一的管理理念，共同努力营造协同合作的文化氛围，构建有序的团队架构。共享的管理愿景是确保团队成员朝着同一目标前进的基石，而协作的团队环境则是完成管理任务不可或缺的前提，激烈的内部竞争氛围则难以催生佳绩。此外，合理的团队结构优化是提升组织效能的要素之一，它涉及年龄层次的搭配（老中青）、性格的互补、跨学科人员的融合等多元组合。人事协调不仅触及人际关系的和谐，还囊括人员配置的合理，一个既有默契的人际网络又有优化的人员结构的团队，是指挥系统高效运作的必备条件。

2. 制度系统的完善

制度体系在指挥体系中的作用不容小觑，其完善与建立同等关键。制度体系的完善涵盖两个核心方面。

（1）制度系统的修正

制度系统的完善并非彻底重建，而是侧重于在现有系统上的改良与优化。诸如教师培养制度、职务评审机制、聘任制度、工作绩效评估体系等，一直是教师管理中的重要支柱。在管理实践中，面对环境变迁、形势更迭与对象变动，管理策略与解决方案需灵活调整，如在评审中对教师的特殊贡献给予适当加分。当然，制度修订的目的绝非削弱其严肃性与权威性，而是确保制度的连贯性与持久有效性。管理者在修订时需深思熟虑，确保个别案例不会中断制度的连续性，以免损害其公正性，否则制度将无法发挥其应有效用。

（2）制度系统的自我调控

制度系统固然是严谨的，但这并不代表它是僵硬不变的。制度的有效运作恰恰呼唤适度的灵活性。制度一旦确立，无论是教师选拔制度、职务评聘制度，还是教学质量评价系统，都应追求稳定与持久。然而，鉴于管理的现实局限性，不同情境下个体面对的问题各不相同。如在教师职务评审中，每位教师的成果、工作表现及思想状态各异，用统一标准衡量各异的对象便显得复杂。加之环境差异、学科多样性以及管理者解读的主观性，使统一标准的应用显得不甚合理。这便要求制度自身拥有一定的弹性，即制度既是普遍准则，也应针对特殊情况提供调整空间，这是制度自我调节的体现。除却指挥系统的适时修正，制度的自我调节同样至关重要，它是制度完善的核心要素之一。

（三）加快高校教师管理指挥系统的运行技巧

系统运行的核心在于其各组成部件协同作业，以实现系统既定目标。教师管理指挥系统的运作，则是通过指挥行为的连贯执行，推进教师管理的总体愿景实现的全过程，其核心在于激发教师在教学与科研上的积极性与自主性，这恰是教师管理活动的终极目标所在。故而，教师管理指挥系统的运转，实质上是催化教师潜能释放与效能提升的动态进程。

1. 激励与激励因素

管理的核心在于构建并维护一个有利于团队协作的良好环境，以共同追寻既定目标。因此，不具备激发团队积极性的技巧，就难以称职于管理岗位。实际上，任何承担组织管理职责的个体，都需确保激励机制有效融入整个组织架构，促使成员最大化贡献其价值。

（1）激励

激励能够唤醒个体的积极性与创新潜能，它与人的内在动机紧密相连，而人的行为正是由这些动机所驱动。进一步而言，动机源于内在的需求，无论是有意识还是无意识的行为，本质上都是需求的体现。行为科学因此将驱使行为发生的内心渴望定义为需求。管理者激发员工，实质上是为了满足他们的需求。

（2）激励因素

激励因素，即推动工作的动力源泉，常包括丰厚的薪酬、尊贵的职位、社会声誉、同事的认可等。激励策略映射了人的多样性需求，驱动个体去追求愿望的实现或目标的达成。同时，它也是平衡需求矛盾的有效工具。

管理者有能力营造一个激发员工动力的环境。比如，在知名高校任教的教师，往往因维护学校荣誉而备受激励，努力工作。同样，管理高效且成效显著的学校也能促进教师管理水平的提升。成功的教师管理活动需充分激活每位教师的潜力，确保他们的需求得到恰当满足。

2. 激励的艺术与技巧

激励旨在强化积极动机而削弱不利因素，认可某些行为以增强其背后动机，同时否定其他行为以减弱其动机。激励策略有很多种，而教师管理中的激励措施尤为独特，鉴于教师作为高素质群体，其需求具有其特异性，除了基础需求，成就需求在教师的动机结构中占据核心位置。鉴于需求的多样性，激励策略与技巧亦应差异化。

下面概述两种常用的激励方式。

（1）利益激励

要使薪酬成为最高效的激励工具，教师管理者需铭记以下三点：

首先，对于正处于职业生涯早期并承担家庭责任的年轻教师而言，经济因素较之于那些已获得财务满足感的教师更为关键。这里所指的不仅是金钱本身，还包括其衍生的物质条件，如居住环境等。

其次，依据管理理论，当前环境下，薪酬虽是组织吸引和留住人才的基础，但它扮演的更多是维持而非激励的角色。教师往往视之为劳动应得，激励效应有限。况且，学校的奖金制度也往往未必能有效激发教师积极性。

最后，薪酬的激励潜力在于其能显著超出个人当前所得。然而现状却是增薪或奖金幅度通常不足以触动教师，未能达到激励阈值。此外，金钱激励还可能附带负面效应——当部分人获得额外收益时，未获益者可能减少努力，这将从负面影响教学氛围。对此，管理者应有充分认识。

（2）参与激励

大学教师普遍怀揣着深厚的学术情怀，倾向较少的管理介入。换言之，他们倾向于开放式的管理方式，抗拒过度的管控。鉴于此，管理者应当鼓励教师自治，让他们参与到政策与制度的制订及决策过程中，从而在心理层面激发其主动意识。这样，教师将感受到决策与自身意志的契合，提升工作满意度，进而激发强烈的工作动力。部分教师对教学质量及教师发展计划表现出漠视，仅凭经验指导教学与科研，甚至对管理存有抵触情绪。管理者出台的政策与措施在他们眼中，不是引导而是束缚，缺乏主动参与意识，导致制度执行效果打折。这一现象值得管理者高度重视。管理者需让教师深入了解管理流程及细则，邀请他们加入决策过程，改善双方的协作关系，激发教师参与管理的主动性，确保管理机制的顺畅运行。

三、高校教师岗位分类管理的创新探索

提升教职工的工作活力与创新能力，实行教师岗位精细化管理，构建竞争性与激励机制并举的现代化人事体系，是我国高等教育机构人事制度改革的关键组成部分。然而，当前高校教师岗位管理尚存若干弊端，如分类依据欠缺科学性、层级设置过多、岗位设置过于功利等。因此，改革需实现岗位竞争性和教师职业自主性的深度融合，力求人事配置既能发挥激励效能，又能确保教师个人发展的自由空间。

（一）加强高校教师岗位分类管理的意义

第一，我国多数高等院校当前对教师的职位分类尚不够精细，这不利于各类教师发挥其专长，也不利于激发整个教师团队的积极性。因此，强化高校教师岗位细分管理显得尤为重要。

第二，教师在教学、科研及管理领域各有侧重。每位教师各有优缺点、潜能与特性。在岗位配置上，应匹配最适合的人才与岗位，这样才能最大限度激发潜能，实现最佳工作成效。此做法既顺应教师个人发展需求，也符合人力资源管理基本原则。

第三，社会对高等教育寄予厚望与高标准。强化教师岗位分类管理是建立科学分类制度、畅通职业发展路径、确保核心教师队伍积极性与创新精神焕发的关键。

（二）加强高校教师岗位分类创新管理的原则

我国高等教育机构在优化教师岗位分类管理进程中应遵循以下原则：
第一，融合教师岗位的竞争性与职业自主性，实现两者的和谐共生。

第二，在制度设计上，确保激励机制既激发效能，又为教师个人成长留有充足自由度。

第三，岗位分类管理需依循实际需求，科学布局岗位，合理构建岗位架构，并搭建岗位间沟通的桥梁。

第四，人事制度创新上，确保激励机制的实效性，同时赋予教师广阔的发展天地。

（三）加强高校教师岗位分类创新管理的措施

1. 根据实际情况设置岗位

高校应依据其工作负载及实际业务内容，制定多样化教师岗位体系。当前，高校岗位主要划分为三类：第一类是融合教学与科研的复合型岗位；第二类是侧重教学的岗位；第三类是以科研为主导的岗位。在此基础上，高校可深化细化分类，明确各岗位职责，分析岗位内容，确保分工界限科学、清晰。同时，鼓励在职教师根据个人职业规划与兴趣，申请岗位调整，畅通流转渠道，确保每位教师适配岗得宜。

2. 打破岗位终身制

在高校设计激励机制时，应切实融入聘任制与任期制的理念。当前，我国大多数高校普遍采用教师岗位终身制，一旦教师就位，便长期固定不变，这种现象颇为显著。岗位终身制造成了教师工作动力与自我提升的"瓶颈"，易于滋生安逸心态，同时阻碍了岗位间的灵活流动。因此，各高校应采用聘任制与任期制，并配套建立健全考核体系，以确保对教师进行公平有效的持续性评价。

第六章　高校教学模式与教学质量管理的实践创新路径

第一节　现代高校教学模式的创新路径

一、慕课教学模式

（一）高校慕课教学模式概述

慕课（MOOC），即大规模开放在线课程，其名称直观反映了这是一种面向广大学习者、开放性的网络学习平台，提供琳琅满目的教学素材，使学生能自主挑选心仪课程，掌握学习主动权，真正成为学习旅程的主角。在此模式下，学习不再单纯是重负，而是充满吸引力与探索的愉悦。具象而言，MOOC 以及所谓的私播课程（SPOC），依据教学策略的差异，可划分成"混合教学"与"全自主学习"两大模式。高等教育机构同时采用这两种模式，旨在帮助每位学生找到最适合其个性的学习之道。无论是混合模式还是全自主模式，教育的核心目标均指向于学生的全面发展与学习热忱，着重于提升其综合素养及学习动力。两种模式同样鼓励教学互动，不仅限于师生间，还包括生生间的协同学习，促进知识的共创与交流。至于混合学习模式与全自主学习模式的异同之处，则体现在以下五方面。

1. 两种教学模式的教学活动安排差异

混合学习模式集线上自主研习与线下课堂教学于一体，学校配置专业导师并设定实体教室互动时段。学习者在自定进度的网络学习之余，还需遵照实体导师指示，经历包括疑难解答、课堂测验、实体考试等学习环节。而线下教学多采取大规模讲堂形式，教师还会引导小组报告活动。相比之下，全自主学习模式免去了线下专属导师与集体指导课程，全面依赖学生的网络自学，自主完成各学习步骤，如在线测试，同时参与现场考核。根据课程安排，适时组建学习小组讨论，助教会负责具体的小组协调工作。为便于管理，选择全自主学习路径的学生需加入特定线上群组，课程启动后，所有修课通知与考试信息均通过网络发布。

2. 两种教学模式的日常教学运行管理负责人

各个院校自主研发的课程，其日常教学活动及管理责任归属课程主管及所在学院，学院会根据课程实际需求，灵活选取混合教学模式或全自主学习模式来实施课程。至于引入的外来课程，若采用混合教学模式，则线下教学部分的监督与管理由指导教师及其所在学院共同承担；若采取全自主学习模式，管理责任则交由学校内的某一院系承担，并由该院系指定一位教师专项负责相关事宜。

3. 两种教学模式的课程引进范围差异

混合式教学课程的选取，聚焦于那些来自"985 工程"顶尖高校的名师精品课程，或是学科排名全国前 10% 的院校提供的课程，抑或是由国家级教学名师及全球财富 500 强企业专家共同打造的创新创业类课程，以及国际顶级大学的全英文授课内容。而实行全自主学习模式的外来课程，则先以 C9 联盟高校的课程作为试验田，根据试点情况，学校再决定是否推广至更广泛的课程范围。

4. 两种教学模式工作量计算差异

混合式教学模式下，工作量依据学分及学时计算，同一教师同一学期开设多班时，第二班及之后班级只计线下指导课时，即实际集中教学时间。至于全自主学习模式，每门课程统一按 8 学时计。这里提及的学分学时，指的是与课程学分相对应的学时数，一般 1 学分等价于 16 学时的授课时间。

5. 两种慕课教学模式都具有实现学分互认的可行性

学分互认的本质在于承认学习成果的等价性，只有当两门拟互认学分的课程在学习时长、内容覆盖及考核标准上相当或接近时，学分互认才得以成立。欲使传统课程与慕课课程实现学分互认，关键在于确保慕课学习成效与传统课程教学成果的等效性。校内慕课多采取融合线上自主与线下指导的混合式教学，学生需参与线下互动；而少数慕课则纯走全自主学习路径，学生需参与校内的考试。鉴于此，慕课课程与传统课程在学习投入时间、内容编排乃至评估方式上显现出一定的契合点，为学分互认提供了实践的可行性基础。

（二）高校慕课教学管理内涵

随着慕课日益融入高等教育体系，与传统课堂教学及评估方式的融合日益加深，促使高校不得不对教学管理模式进行一系列的革新。针对慕课的教学管理，需要对流程进行精简与优化，创新管理机制，以培育出贴合慕课课程特质的教学管理新模式。

慕课教学管理活动广泛覆盖课程供应商、教师、学生及慕课平台等多个维度，贯穿课程选择、评审、上线等流程管理，以及学生选课、学习过程、教师教学、教学质量评估、课程建设与慕课平台管理等多方面。管理实践需兼顾线上与线下双轨并行：线上管理聚焦于慕课平台运营、学生线上学习活动的引导、确保在线答疑流畅进行、安排线上考试提醒等；线下则涉及实体辅导课程编排、小班研讨组织、线下考试及成绩管理，为慕课开发团队提供专业培训及服务，以及培育慕课助教团队，作为教学管理的有力补充。

1. 慕课的教学过程及基本特点

（1）慕课的一般教学过程

鉴于学习群体庞大，学习背景、需求及目标多样性，慕课教学模式的一大核心在于提供丰富多彩、灵活便捷的学习途径。教学流程通常划分为课前、课中和课后三个阶段。

课前：基于学生个体差异，由知名教师预先录制约十分钟的短视频，围绕即将教授的重点难点，引导学生自主预习并引发思考。

课中：教师专注于引导而非单向灌输知识，通过讲解、答疑与讨论促进学习。教师设计与课程紧密相关的挑战性问题，学生需解答后才能深入学习，此过程教师会有针对性地激发学生兴趣并指导。同时，学生被编入多个讨论小组，模拟真实课堂互动，集中探讨不解之处，鼓励学生经独立思考后分享观点。

课后：包括定期测验与期中、期末考核。课程终了时，通过动态全面的评价体系，部分课程参与者可获得学校颁发的结业证书。在这一模式中，教师与学生角色分明，颠覆了传统单一传授、被动接受的教学格局。学生通过预习视频提前主动思考，增强了自主学习能力。教师则需精心准备，以应对课堂的即时问答，而设置的"挑战关卡"不仅让教师及时掌握学习动态，也极大提升了学生的学习热情。

此外，小组讨论和课堂展示促进了学生探究技能的提升。课后检测与多元化动态评估则能及时反馈学习成果，帮助学生自我调整与完善。

（2）慕课的基本特点

慕课其名称本身就蕴含了其本质特征"Massive""Open""Online""Course"四个关键词分别揭示了其规模宏大、开放性、在线学习及课程形态的特性，每个词都标志着与传统课程的区别之处。

"Massive"强调的是规模之巨。首先，参与慕课的学习者数量庞大，单个慕课平台至2018年年底的注册学员数已突破3700万，Class Central的统计显示，同年，全球慕课注册学习者总人数已超过1亿。慕课跨越地域，面向全球各年龄层，不受传统教室容量限制，只需连线即可随时随地学习，使一门课程能轻易吸引数以万计的学习者。其次，合作的高等教育机构数量同样壮观，截至2018年年底，全球已有超过900所院校及机构与慕课平台合作。此外，课程种类繁多，横跨人文、社会科学、医学、经济学、政治、艺术、信息技术、教育等领域，能够满足多样化的学习需求。随着慕课的不断扩张，学习者群体、合作院校与机构将越发壮大，课程内容也将更加全面。

"Open"体现的则是课程的开放性，意味着学习入口对所有人敞开，不分身份，任何对该课程怀有兴趣者均可自由加入。此特性践行了教育公平的价值观，确保了网络空间内课程资源的平等访问权。从最初的无门槛注册，到根据个人兴趣挑选课程，再到课后自由参与讨论、活动，乃至接受动态评价，慕课全方位向学习者敞开大门，赋予其选择的自由。更甚，大部分慕课课程无偿开放，资料可自由下载与传播，这无疑搭建了一座桥梁，让全球任何角落的学习者都能接触到顶尖高等学府或权威学者的智慧成果，极大地促进了教育资源的普及，加速了全球教育公平化进程的步伐。

"Online"强调的是课程的在线性，这一特性超越了物理空间与时间限制，构成了它与传统教室教育的主要区别。慕课依托互联网平台，要求学习者经由网络参与，彰显了其无界学习的特性，不受地理位置与固定时间表的约束。学习者无须拘泥于教室与上课时间，可以随时随地自由选择学习环境，为那些受时间或地域限制的学习者开辟了新的学习路径。此外，慕课的作业提交、测试及课程评估均在线完成，无须亲临现场，自由度极高。

"Course"作为 MOOC 概念的核心，明确了其本质为教学课程，区别于普通的网络视频内容。其余三个词汇则是对该课程的修饰，描绘了慕课特有的轮廓。这里的"Course"远不止于简短的网络视频集合，它代表了一种精品课程的策划与开发，不仅关注课程视频本身，而且是从课程构思、设计、网络部署、调试到资源收集整合、课程实施、运维，直至课程结束后的评估等整个动态、综合的过程，体现了课程的深度与广度。

2. 高校慕课平台服务

（1）高校慕课平台的服务方式

作为数字时代产品，高校慕课平台构建了一种三维交织的教学服务体系，紧密联系教师、互联网技术与学习个体，跨越实体教室与虚拟网络的界限，开创了教育者、学习者之间以及学习者与外界沟通交流的新维度，重塑了课程传授与实践的互动模式。

在运作模式上，多数高校慕课平台采纳了双轨服务策略：一是虚拟实时授课模式，二是录播自学模式，以此灵活适应不同学习者的需求。前者借鉴了经典的在线教室理念，利用视频通信技术搭建立体交互空间，使教与学的即时沟通成为可能；后者则通过将课程内容录制成视频资料，并上传至云平台，允许学习者自主点播，按需学习，享受高度个性化的学习体验。

（2）高校慕课平台的服务内容

高校慕课服务平台的核心服务可概括为以下三方面：一是迅速响应并有效解决用户提出的各类问题，确保用户遇到的障碍得以顺利排除；二是细致归纳分析用户的具体需求，通过优化平台功能与结构，提升用户体验，提高用户对平台使用的便捷性和效率；三是融合最新的信息技术手段，推进平台创新，比如增设信息智能筛选工具，辅助用户高效管理信息，同时为课程发布者及教师提供丰富的资源上传、共享平台，促进教育资源的流通与协同。

在服务内容的实施过程中，高校慕课平台着重于用户、课程资源的整合、组织与精细化管理，这期间平台管理员的专业素养起到了至关重要的作用，要求他们将管理智慧无缝融入服务流程，确保用户能够轻松获取、甄别并有效利用所需信息，实现服务目标。平台服务理念强调以用户为中心，突出人的价值，倡导创新精神，深入挖掘用户潜在需求，精准对接，通过高效且富有特色的服务，全面满足用户实际需求，实现服务价值的最大化。

（3）高校慕课平台的建设与优化

在高等教育的演进轨迹中，高校慕课平台占据了举足轻重的位置，它不仅为教育工作者、课程创作者及学习者搭建了"一站式"服务的桥梁，也标志着一种循序渐进、不断优化服务的进程。在服务输送过程中，识别并克服障碍，以期更优地服务用户是高校慕课平台不可忽视的责任。整合平台资源，以更高水准服务于课程创作者、教学团队及学习者，是当前各平台亟待深思的课题。

①信息反馈服务方面。现状显示，高校慕课平台在收集用户反馈时，往往遭遇因个人问题未得解决或需求未被满足而产生的负面反馈。现存的常见问题库往往与用户个性化需求错位，未能精准对接，这无疑对平台的服务质量构成了挑战。因此，如何建立一套能够更精确捕捉用户声音、快速响应其独特需求的信息反馈系统，成为亟待突破的"瓶颈"。

首先，将被动响应转为主动发掘需求。用户通常在遇到具体信息需求时才会向高校慕课平台反馈，且解决方案的获取常伴随时间延迟。因此，平台需转变思路，从被动等待反馈转变为主动探索用户需求，积极采集用户信息需求的脉络，由平台团队据此快速响应，持续优化信息服务，提升用户需求的满足速度与质量。在此过程中，鼓励用户建立个人需求日程，明确何时何需何种信息，保持对自身在平台使用中信息需求的关注与记录，从而协助平台更精准地理解与满足其需求。

其次，多渠道探析用户深层次信息需求。鉴于高校慕课平台固有的个性化属性，无论学习者抑或教学人员，在平台活动时，其浏览记录、课程偏好、收藏、参与讨论等信息均被系统跟踪。部分用户不仅活跃于平台官网，还会通过其他平台或关联应用程序等多端口访问，然而，部分平台的非官网渠道并未配备反馈服务，导致用户在信息反馈上遭遇"瓶颈"，反馈内容受限且容易受外界因素如误导性信息干扰，无法精准定位问题并寻求解决，这无疑影响了用户体验，降低了用户黏性，甚至引发不满。因此，高校慕课平台亟须进一步深挖用户需求，通过整合多端资源，确保用户能够顺畅、即时地表达需求并获取反馈。平台可拓展数据挖掘技术的应用范围，不仅限于官网，利用数据库智能推送、实时反馈机制，预测并主动推送用户可能感兴趣的或急需的信息，如此一来，服务将更为全面，减轻用户负担，提升使用满意度，确保用户能迅速准确获取所需信息，优化整体体验。

最后，优化信息需求表述机制至关重要。在高校慕课平台应用实践中，用户若能清晰、详尽地传达其真实信息需求，将显著提升平台的信息精准匹配度和使用效能。个体行为深受多元环境因素左右，信息需求的表达也不例外，既受外界情境也受内在动机影响。因此，高校慕课平台需强化或创新策略，以促进用户顺畅表达信息需求，确保准确捕获用户在平台使用中的实质性信息诉求。具体措施包括增设直观且全面的信息反馈工具和指南，以及强化在线客服等即时反馈渠道，旨在迅速响应用户需求或深入剖析，助力用户直达核心信息。通过这些途径，平台能够有效引导用户准确表达其需求，从而在浩瀚的信息海洋中精准导航，确保每位用户都能顺利抵达信息的目的地。

②信息内容服务方面。高校慕课平台面临的用户基数庞大且持续增长，然而，仅少数平台认识到其作为与用户深度互动的宝贵桥梁的潜力，以及用户间交流所能揭示的深层需求的价值。

首先，强化用户信息安全保障。随着社会进步及信息需求的日益增长，慕课平台用户对信息的期待趋于多元化。单纯提供课程发布、维护、答疑、检索、观看及证书发放等基础服务已难以满足用户需求。因此，平台需紧跟时代步伐，扩展服务内涵。这包括创新内容形式，提升内容吸引力，推出更个性化的信息服务，减少用户在信息筛选及应用上的耗时耗力，确保信息利用的高效性。

顺应用户信息需求的演变，高校慕课平台需不断扩充内容服务的深度与广度，特别是强化信息保护相关内容的供给，诸如为课程创作者提供更加专业的版权管理指导，以及面向平台用户推出个人隐私法律咨询服务、详尽的保护政策解读和实用指南，旨在提升课程制作者、教学团队及学习者在使用平台时对信息保护的认知水平。此外，平台可积极举办线上研讨会、专题讲座或竞赛，聚焦版权维护、隐私权益及问题解决策略，为用户遭遇相关难题时提供客观、合理的应对方案，明确的法规政策指引有助于减少用户在平台操作上的盲目性。此法不仅增进了用户在信息保护领域的知识储备，也促进了用户行为的规范化，一举两得。

其次,加强内容深度与服务升级。当前,多数高校慕课平台所提供信息内容偏向基础且常规,缺乏新颖性,缺失如课程资料更新追踪、定向主题服务等深度服务,这不免削弱用户使用热情及与平台的黏性,影响服务效能。因此,平台应为教师与学习者持续提供新鲜素材、在线学习材料等资源,实现资源的精准匹配,既能全面满足不同用户需求,又便于信息的获取与利用。为贴近教师与学习者在学科领域的专业需求,平台可探索增设资源接入与定位的创新服务模块。通过分析用户后台数据,识别个性化需求,平台可定期向学习者推送定制化的参考资料、课程材料,为教师推送学科教学资源,实现内容服务与学科的深度融合,有效提升高校慕课平台的服务质量和水平。

再次,规范细节并提高质量。我国的高校慕课平台,在提供优质教育资源的同时,更应注重服务体验的每一个细微之处。不能让用户在初次尝试后便因琐碎问题而流失,而应当让他们在使用过程中被持续吸引并饱有热情。对于高校慕课平台而言,信息的准确性和规范性至关重要。慕课平台需要从专业视角出发,持续打造和优化更高品质的服务体系。用户选择慕课平台,是希望获取到精准、实用的知识,或是快速便捷地掌握所需信息。因此,慕课平台应从专业角度出发,为用户提供具有参考价值的信息内容,以增强他们对平台的喜爱度和忠诚度。为了实现这一目标,慕课平台可以定期推送专业化、多样化的内容,减少冗余广告,并以新颖的形式展现给用户。推送内容不仅应涵盖课程信息等基本需求,还应融入用户感兴趣的即时资讯、互动性强的娱乐元素以及重要的新闻通知等。同时,慕课平台还应精心打磨用户的课程订购条款,简化流程,确保内容简明扼要、易于理解,从而提升用户在使用平台时的满意度和成就感。

最后,趣味性的推广与内容的实时更新。在信息全球化的浪潮中,慕课平台已然成为人们获取和利用信息的重要途径。用户首先通过各种渠道发现慕课平台,随后深入了解其内容,判断是否值得一试。因此,平台信息内容的时效性和完整性,无疑是用户是否持续使用的关键。高校慕课平台的终极目标,在于确保用户能够便捷地获取并有效利用所需信息。为此,慕课平台应积极拓宽网站、官方 App 等客户端的信息传播范围与深度。在此过程中,宣传推广与平台功能、服务紧密相连,是推动用户使用的核心动力。慕课平台应在用户活跃度高的时段,利用多种宣传媒体,以富有趣味性的方式向公众推介高校慕课平台。同时,在追求趣味性宣传的同时,务必确保信息内容的实时更新,以满足用户对信息时效性的需求。这样的做法不仅有助于提升用户对平台的忠诚度,还能打造具有独特魅力的高校慕课平台,使其在众多竞争者中脱颖而出。

③信息功能服务方面。当高校慕课平台向用户伸出其服务之手时,信息服务构成了其核心支柱。为了贴合学习者的社交与互动诉求,强化互动特性成为首要

之举；确保信息安全及个性化处理用户数据，让每位学习者的体验更加私密且定制化，此为又一关键任务。此外，实行学习者分级管理，推行平台多元化策略，以及不断优化客户端的综合功能，共同构成了满足用户多元信息需求的三大基本任务。

第一，增加互动功能满足学习社交需求。在构筑高校慕课平台的信息服务体系时，首先要深化教育者与学习者交流的维度，例如，追踪学习者对内容的点赞、收藏及评论等行为，这些互动痕迹不仅映射出信息流通的活力，也成了衡量平台效能的一面镜子。进一步地，推动学习者之间的互动交流，旨在营造一个生机勃勃的学习环境，同时加深用户对平台的忠诚度。展望未来，互动的边界可望拓宽至行业专家与实践者，构想中的在线学习社群将打破壁垒，设定固定的互动时段以确保即时沟通的畅通无阻，全力向学习者输送所需的学习工具与服务。综上所述，各高校慕课平台需致力于发展一套标准化且精细化的交流互动机制，以此作为提升服务层次、全面响应用户社交学习需求的核心驱动力。

第二，加强安全性建设及个性化用户个人信息使用。加强与完善针对个人的信息安全保护体系，对于每位用户而言至关重要，这也是高校慕课平台能稳健推进个性化服务的根基所在。构建这一安全体系的路径包括：升级用户验证与登录机制，采用更为坚固的安全技术，对用户的个人信息实施加密处理，从而在每一环节中牢固守护用户信息的城堡；实施严格的隐私保护措施，赋予用户对其信息使用与披露范围的自主控制权，为个人信息安全再添一道防线；出台详尽的用户信息保护政策，引导用户树立正确的个人信息保护观念，确保信息使用的专属性与恰当性。这些加固与补充的举措，多维度保障了用户在平台活动期间的信息安全，不仅促进了用户对高校慕课平台使用的黏性增长，也深化了用户信任，为平台的顺畅运行与个性化服务的精进提供了强大的助推力。

第三，学习者分层级管理及平台差异化运营。观察当前趋势，众多慕课平台已成功探索出各自独特的市场定位。超越传统大型平台之外，一些专注于特定领域的平台，它们凭借成熟的运营模式与高度专业化的服务，展现了细分市场的深度挖掘潜力，这是综合性平台难以比拟的优势。此外，一批服务于小众需求的慕课平台亦凭借其独到之处赢得了一席之地，精准对接特定群体的求知渴望。展望未来，高校慕课平台间的差异化竞争将日趋显著。面对已广泛覆盖学习者、高等教育机构及师资力量的成熟平台，新兴平台若继续追求"广而全"的发展模式，无疑将面临重重挑战。相反，打造定位精确、功能专精的"小而精"平台，深挖用户特定需求，或将开辟一条更具竞争力的发展路径。

因此，高校慕课平台亟须明确自身的独特定位。通过打造特色鲜明的服务，让信息功能服务在用户心中留下深刻印象与独到体验，此举不仅有助于塑造平台的独特形象，积累良好口碑，还能挖掘潜在用户群体，通过特色功能的供给，聚焦服务优势，推动差异化策略的深入实施。同时，引入针对学习者的精细化分层管理模式，尤为重要。鉴于学习者群体在慕课平台中数量庞大、构成多样，且作为服务的核心受众，如何高效管理这一群体直接关乎平台的发展方向。允许教学人员根据选课学生的特点进行分层管理，施以差异化的指导策略与管理方式，将是提高服务效率、吸引更多学习者的关键所在。

④完善客户端全方位功能服务。发展并优化高校慕课平台的官方应用程序信息服务模块，是增强其服务效能的关键一环。在这之中，确保官方客户端不仅在功能上保持一致性和创新性，还应为课程发布者、教学团队及学习者等各类用户提供既全面又富有灵活性的界面模板与内容丰富的功能专区，实现实体网站与移动应用之间无缝衔接的一体化体验，聚焦于提升用户在操作过程中的流畅度与便捷性，从而达成全链条功能服务的无缝覆盖。在此过程中，针对官方客户端的优化，几个核心要点不容忽视：其一，界面设计需秉持直观简约的原则，确保用户能轻松上手；其二，功能模块需进行深度融合，与主网站功能相匹配，并在客户端集成课程互评、即时客服咨询、课程管理与个人信息更新等实用功能；其三，不断丰富信息功能，引入专业导航框架，打造更高效、响应更快的浏览界面。总而言之，解决官网与客户端功能分散的现状，促进各平台之间功能的集中与协同，将极大提升用户体验，使高校慕课平台的服务更加人性化、高效化。

⑤技术支持服务方面。技术支持一直是驱动高校慕课平台演进与跃升的引擎。欲求提升服务品质，加速平台前进步伐，高校慕课平台必须倚重技术支撑的强化，具体途径包括：组建专业精湛的技术服务团队，强化课程制作的技术指导与监督，同时严密保护用户知识产权；改良课程编辑流程与发布机制，提升内容产出效率与质量；并利用视频优化技术及人工智能算法等先进手段，深度优化学习者的参与体验。

首先，打造专业技术服务团队。每所高校的慕课平台均应组建专属的技术服务团队，其职责远不止于收集、整理及深入剖析用户反馈，迅速响应咨询，以及故障的即刻排查修复，还需延伸至为教学人员提供更坚实的教育辅助与技术支持。遗憾的是，许多平台常困于修复缓慢及更新滞后的问题，这无异于暴露了技术实力的短板及专业人才的匮乏。对此，平台可采取双管齐下的策略：一方面派遣现有员工参加高级技能培训，另一方面积极招募拥有熟练技艺的专才加盟。至于教学技术支持层面，确立一位领头人以统筹和监管服务团队的整体行动显得尤为关键。这位领头人将引领一支跨学科背景的团队，确保每位成员各司其职，携手完成教学辅助、技术支持乃至教学数据的深度解析，从而不仅为平台的运维管理提供坚实的技术后盾，还促进了团队成员专业技能的飞跃，整体升华了高校慕课平台的技术服务效能。

其次，加强课程技术管控与维护用户创作版权。通常，为防止原创内容在上传与分享过程中遭遇侵权风险，高校慕课平台需部署相应技术屏障。然而，在实施技术防护时，往往不自觉地限制了合法内容传播。因此，平台可优先实施学习者资质认证机制，强化审核流程，仅限通过验证或正式注册学习者访问课程，同时升级用户识别与审核体系，以精准管控访问权限。此外，加强对学习者使用课程材料的监控，确保资料利用在原作者的监督或指导下进行。平台可借助技术保护措施，限制学习者随意保存或散布课程资料，比如，采用数字水印、加密技术等手段，为课程内容打上"授权使用"或"未授权禁用"的标签，清晰界定可否使用及传播的范畴，以此有效遏制未经授权的复制、下载及非法传播行为，从而为内容创作者的知识产权筑起坚固防线。

考虑到高校慕课平台中的课程内容大多源自教育机构的精心制作，尽管也涵盖了部分教学人员的编纂成果，但为了维系著作权利的清晰，平台应采取合理措施标注原创作品的元数据信息。诚然，加强技术手段确能有效捍卫用户的知识版权，但鉴于慕课平台的公众开放性质，平台还肩负着提醒用户重视版权问题的责任，通过提升用户的版权保护意识，进一步巩固版权保护的基石，构建更加和谐的版权尊重氛围。

最后，优化课程编辑与发布流程及提升视频质量亦是重要一环。随着慕课平台的蓬勃兴起，课程视频资源日益丰富，随之而来的是视频信息管理、维护及答疑环节的复杂化，这对用户体验构成了挑战。因此，平台需简化教师上传视频的操作流程，并融入预上传视频编辑功能，以便于教师调整内容。鉴于慕课平台用户群体的广泛性和多样性，为促进高效学习及信息的无障碍获取，视频字幕及多语种翻译显得尤为重要。平台应支持视频制作者便捷地添加视频标题、描述、字幕乃至多语言字幕，甚至提供或升级先进的上传与编辑工具，让创作者能自主完善视频内容，最终将视频转化为高质量的教学作品。建立制作者专属管理中心，不仅便于教学人员维护视频课程信息和回应学习者的疑问，更从根本上提升了学习者的课程参与感与满意度，进一步优化了整个学习体验。

眼下，不少高校慕课平台面临手机应用及平板设备兼容性欠佳，或是不支持视频后台播放及投屏功能的困境，这无疑削弱了学习者的主动学习意愿。因此，平台亟须着手解决并优化移动端及平板系统的兼容性问题，通过技术手段赋能用户实现视频的后台播放与投屏功能，同时增设多线路视频播放选项，以期增强课程视频的易用性。此类改进不仅将大幅提升用户在高校慕课平台上的自主学习动力与效率，还将显著增进其使用体验的流畅度与满意度。

⑥采用人工智能等技术提升学习体验。相较于传统的课堂教学，高校慕课平

台在网络课程中对学习数据的分析展现出了显著优势。澳大利亚知名教育专家朱迪·凯曾强调，通过融合人工智能技术与学习者数据来构建开放的学习者模型，这一创新使学习者能够审视个人学习轨迹，进而自我认知、自我调整，激发更为主动的学习态度与行为。

现今，多数高校慕课平台已携手多所高等学府，积累了丰富的教育资源与海量学习数据，但关键在于如何在课程设计上倾注更多巧思，以直观明了的形式让学习者清晰洞悉个人学习进展，并同步助力教师精准把握学习动态。实际上，一项已应用于"学堂在线"平台的研究技术，正利用积攒的学习者数据，依据不同学习动机定制鼓励性言语，有效激发了学习者的积极性，展示了数据驱动激励的潜力。展望未来，新技术在高校慕课平台的融合应用应更深层次聚焦于人工智能技术与学习数据分析的巧妙联合，旨在促进学习者自我调整学习策略，以期获得更优的学习成果。同时，人工智能技术与个性化学习路径规划的深度融合，将使平台能够动态响应学习者的进度，即时推荐后续进阶课程，如在课程完成后立刻指引下阶段学习方向，这一智能化适应无疑将进一步提升学习者的学习动力与效率。

（三）高校慕课发展的建设对策

1. 平台建设方面，从"建设"到"善用"

在政策利好的背景下，高校首先应在理念上深刻认识到慕课发展的时代必然性和紧迫感，将混合式教育模式的推广、学分制度的革新与高等教育质量提升紧密相连，合力驱动教学质量的全面提升。初期，可精选若干具有鲜明特色且适宜慕课模式的课程，并精心将其培育成为示范课程、标杆课程，同时，依据学生反馈与教学成效的科学评估，持续优化教学策略，逐步铺开改革步伐。在此过程中，课程的创新设计需紧密结合国家教育导向与本土实际，紧密贴合学校特色与教学风格，以更好地满足本校学子的学习需求，从而在外塑造具有辨识度的慕课品牌形象，促使高校教育更加开放包容，促进深层次、宽领域的学术交流与合作，推动高校办学模式迈上新的台阶。

在推动慕课的普及与认知上，构建一种倡导慕课混合式学习的文化氛围至关重要。首先在于观念的革新，借由多元化的校园活动渠道，如讲座、工作坊、专家论坛及成果展示会等，广泛宣传混合式学习理念与本校慕课平台，鼓励师生亲身体验慕课教学的魅力，深刻理解其价值所在。其次，深化对慕课的认知层次，应充分发挥学院与系所的基础组织功能，以系所为基本单元，积极组织围绕混合式学习的教学研讨，激活基层的创新活力，促进实践与理论的深度融合。最后，加大对慕课试点工作的扶持力度，可选取一批教学骨干作为先行者，引领教学模式的变革，并通过表彰大会、绩效奖励及实质性的激励措施，双重激发教职员工的积极性，在全校园范围内营造出积极拥抱慕课学习与探索混合式教学新范式的浓厚氛围。

在提升平台服务层面，高校可积极汲取其他优秀慕课平台的成功经验，以丰富和优化自身功能。以广州大学慕课平台为例，他主打本校师资力量，推出的"即到即学"模式，打破了传统开课时间的束缚，允许学生按个人节奏自由学习，成绩达标即可申领证书，同时特设资源共享区，公开分享优质的视频教学资料。南京大学慕课平台则增设了"兴趣探索"入口，非注册学习者也能观看视频，有效拓宽了课程的覆盖面，并定期举办线上读书会，增添学习互动性。武汉大学慕课平台则整合了高端学术讲座资源，推出教师与学生慕课制作培训视频，强化内容的专业性与实用性。中国科学技术大学更是引入了富有趣味性的专题讲座，丰富了平台内容的多样性。这些案例为其他高校慕课平台的发展提供了宝贵的启示，提示我们通过创新功能设计、增强学习灵活性、拓宽资源共享渠道、增加互动交流机会及提升内容吸引力，都是推动慕课平台持续进步与拓展影响力的关键路径。

此外，高校应着力推进慕课联盟的共建进程，深化校际合作与资源共享。各高校应携手构建协作网络，强化省域内学术与教育资源的流通。首先，各高校主动贡献本校的精品课程资源，通过录制并分享名师讲堂的线上视频，不仅为兄弟院校的教学活动提供参考样本，也为推广混合式教学模式贡献高质量的慕课素材。其次，各高校应依托自身在混合式教学实践中的探索，引领教育教学模式的革新风潮，通过实践这一模式来优化教学质量，并在实践中不断积累与提炼宝贵的教学经验，形成可推广的教改成果。最后，高校间应强化协同作战，整合省内高等教育的特色与优势，共同打造具有地域标志性的学科专业集群，彰显区域教育的个性与竞争力。

2.课程建设方面，坚持引建结合

首先，课程设计需考虑专业特性，区别对待，因为并非所有科目均适宜慕课模式。在教学实践中，慕课内容与方法受制于课程本质，更适合于实践操作性强的领域，并且，各专业在混合式教学中侧重面亦有差异。课程的网络化设计需紧贴教学实际，旨在促成从知识的客观存在向主体建构的视角转变。

其次，课程内容的充实涉及两个方面：一是引入课程，二是自建课程。在课程引入上，鉴于当前慕课平台资源有限，学生除学习本专业课程外，也表现出对国家级精品课程及趣味讲座等的浓厚兴趣。因此，应促进校际联盟，推动课程与教学资源共享，扩展课程多样性。同时，加大英文慕课视频的引入力度，如南京大学慕课平台所行，甚至有高校正探索双语教学模式，将英文慕课作为双语教学的试水，极具参考价值。至于课程建设，需凸显地域特征，开发校本特色课程，塑造学校独有的慕课品牌形象。

再次，提升教学质量是另一关键点，这涵盖了构建课程质量保障系统与教学过程的质保机制。课程质量保障不仅强调慕课教师的授课水准，还要求课程设计兼具灵活性，既能满足高校学生个性化在线学习需求，又能与线下混合式教学如面对面讨论课无缝对接。具体而言：第一，线上内容需精准匹配高校学生的学习难度与偏好；第二，教师需灵活调整教学内容、方法及设计，以顺应混合式教学的内在要求。这些质量评判准则需集合慕课专家、校内辅导老师、助教及学生的力量共同商定，并以此为依据，甄别并淘汰不符合标准的慕课课程。同时，构建严谨的教学保障机制，明确线下混合式教学的规范与准则，确保教师的教学进度、作业安排、讨论环节能够根据学生反馈灵活调适，力图实现教学效果超越传统教室教学的局限。

最后，构建一个高效的知识管理体系，关键在于课程资源的归档、分类及其持续管理，这涉及对校内慕课视频的系统录制及教学资源的集成。具体步骤如下：第一，各高校需系统地审视现有的课程库，甄选出各学院中教学表现优异的课程，这是资源优化的基础。第二，依据专业领域对这些精选课程进行细致分类，旨在构建一个结构清晰、易于检索的课程体系。在此基础上，不仅要对这些课程资源进行妥善存档，确保知识资产的有效保存，还需将其上传至慕课平台，借此契机推动混合式教学模式的实施，让优质的教育资源得以更广泛地传播与利用。

3. 教学管理方面，推动制度设计与教学实践

首先，为确保慕课教学的规范与高效，各大高校应制定一套全面且富有指导性的政策文件，以宏观和微观两个层面为基准，完善相关制度。从宏观视角来看，高校应构建区域性的慕课协作战略，凸显本校慕课的独特魅力，并深入优化课程评价体系、质量监控体系、人员职责分配、慕课建设培训方案以及学分互认机制等。在微观层面，慕课的发展需纳入学校的长远战略规划之中，确保人力、资金、资源的持续投入，并将慕课经费纳入学校整体预算的考量范围。同时，高校应充分利用师生在教学互动中产生的海量数据，对慕课的发展进行精准且灵活的策略调整。

其次，为提升教师的教学技能与理念，高校应积极组织技术培训和教学设计研讨会。在教学理念上，应推动教师角色的转变，从单纯的知识传授者转化为教学的引领者，鼓励学生与教师成为共同探索知识的伙伴。在教学能力上，不仅要加强教师的信息化教学能力，还要拓宽教师的知识视野，使他们在深入研究知识体系的同时，也紧跟新兴领域的发展步伐。此外，学校还应建立健全名师资源的培养、评价和管理体系，深入挖掘教师潜能，致力于打造具有品牌影响力的优质

课程和师资队伍。

再次，在构建教学管理体系时，我们必须为慕课教学量身打造一套合适的管理机制。这不仅意味着线上课程的严格管理，线下课程的管理同样不可或缺。在线上教学管理中，要加强学习监控，确保学生专注学习，避免分心他顾；同时，要严防练习和测试中的作弊行为。而在线下教学中，应完善各个环节的考评制度，确保评价的公正性和有效性。对于学生的考评，需要采取多元化的方式，确保评价的客观性，并对讨论区中的无效帖子进行管控，鼓励学生之间进行多次、有效的互评。对于恶意评价的行为，将采取惩罚措施。在混合式教学的评价体系中，应注重过程性评价，适当减少线下期末考试的权重，引导学生树立正确的课堂学习观念。

又次，鼓励学生跨越专业、院系乃至学校的界限，选修慕课课程，并为此建立统一的慕课评价制度和学分互认机制。其中有两个关键点：第一，为了客观反映学生的学习成果，鉴于慕课线上教学、线下讨论、平时作业和测试中可能出现的作弊现象，计划在颁发学生结业证书的同时，增加统一的线下考试环节。第二，为了保障课程质量，建立课程质量认证和分级制度，只有经过质量认证或达到特定级别的课程，才能获得学分互认的资格。

最后，在教师激励的层面上，需要通过制度创新，建立一套科学的慕课课程质量评价体系，进而确立教师考核与薪酬激励机制。这一举措旨在扭转目前高校教师绩效和考核中过于侧重科研而轻视教学的倾向，从而激发广大教师投入教学的热情。我们必须正视慕课给教师带来的额外工作负担，并对此作出合理的回应。事实上，一些高校已经对此进行了积极的改革尝试。例如，兰州大学对那些完成慕课建设并投入使用的教师，按照课程原课堂教学工作质量的三倍计算教师工作量；北京大学则将慕课工作量与常规课程等同，并额外考虑教师混合式教学实践的成果；金陵科技学院更是将参与慕课的教师所预备的立项课程视为校级教学改革项目，并提供专项经费作为支持。此外，教学改革立项和评优评先也是激励教师的重要手段。教学改革立项不仅是对教学和教研成果的认可，也在教学与科研不平衡的现状下，为教研活动和教研成果提供了更大的奖励空间。评优评先则可以在教学和科研之间建立一个基于同等条件的公平评选机制。对于专门从事混合式教学工作的教师，学校更应关注他们的职业规划，为他们提供明确的职业发展路径和广阔的发展空间，以确保他们在教学中能够持续成长和进步。

4. 配套设施方面，整合学校资源

慕课的建设离不开雄厚的资金支撑，高校在合理调配专项资金的同时，还应树立成本效益观念，积极探索开源节流之道。在积极争取政府专项资金支持的同时，寻求商业伙伴和公益组织的赞助，通过技术革新、流程优化和规模效应的发挥，有效降低课程建设和维护的边际成本。此外，高校还可以发挥自身的智库优势，开设在线培训和资质认证等课程，以此增强自身的融资能力。然而，慕课作为准公共物品，在开发、投放过程中应坚守公益性原则，避免企业出于营利目的而人为制造虚高的使用率和完成率。在网络基础设施方面，高校应在实现校园网全面覆盖的基础上，持续提升网络的安全性和稳定性，确保学生能够借助校园网流畅观看慕课视频。同时，积极引进雨课堂、智慧教室等智能化辅助工具，以提高作业和试卷批改的精准度，并运用数据分析系统对线上线下教学大数据进行深度分析，从而更精准地把握教学过程。

此外，学校还应致力于构建优质的课程服务体系。这一体系的核心在于慕课工作团队和教师为学生提供全面、高效的后台服务支持。从课前选课问题的解答，到课中技术、学习问题的及时解决，再到课后反馈建议的收集与响应，形成一个完整的服务闭环，旨在帮助学生更深入地沉浸在慕课学习中，获得更为丰富、满意的教学体验。

二、线上线下混合式教学模式

（一）线上线下混合式教学模式概述

1.线上线下混合式教学的内涵

线上线下混合式教学模式，作为一种现代教育技术的创新应用，成功地将线上教学的灵活性与线下教学的互动性优势融为一体，构成了一种新型教学模式。它不仅融合了多元化的学习环境，更通过多样化的学习方式为学生提供了丰富的学习体验。然而，这种教学模式并非简单地将"线上"与"线下"进行相加，而是经过精心设计的整合。通过课前的自主学习，引导学生独立探索；通过教师的精准引导，确保学习方向的正确性；通过课堂的深度讨论，促进学生之间的思维碰撞；通过线上线下多师同堂的形式，打破教学界限，拓宽学生视野；通过学习动态评价，精准掌握学生的学习进展。在这些措施的共同作用下，线上线下混合式教学利用在线教学平台和网络资源，在时间、空间和资源三个维度上实现了高校课堂教学的全面拓展。

2.开展线上线下混合式教学模式的必要性

（1）学生开展个性化学习的需要

传统的教学方式往往采取"一刀切"的教学模式，忽视了学生的个体差异，无法针对每位学生在知识基础、吸收能力和理解力等方面的差异进行因材施教。然而，线上线下混合式教学模式的出现，极大地改变了这一现状。这种教学模式通过资源共享，为学生提供了更加灵活多样的学习途径。学生可以根据自身的实际情况，进行自主学习，选择适合自己的学习节奏和方式。线上平台提供了丰富的学习资源和交流互动的机会，学生可以随时随地进行学习，通过反复观看视频、参与在线讨论等方式，加深对知识的理解和吸收。对于学有余力的学生来说，线上线下混合式教学更是宝贵的资源。他们可以通过学习拓展知识，进一步拓宽自己的知识面，满足自己的个性化学习需求。这种教学模式不仅提高了学生的学习效率，还激发了他们的学习兴趣和动力。

（2）深度学习的时代呼唤

随着教育信息化浪潮的推进，社会对人才培养的需求也在不断升级。为了满足这一需求，线上线下混合式教学模式应运而生，它通过深度融合云平台、大数据分析等先进技术与课程内容，为培养学生的高阶思维提供了有力支撑，使深度学习成为可能，让学生在知识的海洋中畅游，探索未知的领域。

（3）学生主体地位的凸显

传统的课堂教学往往以教师为中心，教学内容单向灌输，学生往往处于被动接受的状态。在教育信息化的背景下，学校需要转变这一观念，将学生的"学"置于中心地位，强调学生的参与性和主动性。线上线下混合式教学模式的推行，使课程更具理论性和实践性，学生的主体作用得到了充分发挥。这种教学模式不仅易于线上教学和线下教学的混合使用，更能激发学生学习的积极性和主动性，让他们真正成为学习的主人。

3. 开展线上线下混合式教学模式的意义

在当今这个信息和数据涌流的新纪元，教育领域正经历着一场由云计算和大数据等新技术引领的革新。课堂教学已不再是墨守成规的传统模式，而是与时俱进，融合信息技术，形成了线上线下混合式教学模式，这是时代进步的必然选择。混合式教学的魅力在于其高度的灵活性，打破了教室的界限，挣脱了时间的束缚，让学生可以随时随地沉浸于知识的海洋。其优势不仅在于灵活便捷，更在于能够显著降低课堂教学成本，这种新型学习方式已然赢得了师生们的广泛赞誉。然而，线下教学所蕴含的价值亦不容忽视。只有将线上线下教学有机结合，取长补短，才能为学生提供更为全面、优质的教学体验，进而提升教学效果。

线上线下混合式教学模式兼具了线上与线下的优势，实现了跨越时空的学习体验。将网络化教学的便捷与现实教学的互动完美融合，构建一个多元化、多维度的学习生态系统。这种教学模式特别注重学生的复习与巩固，学生可以在线上重温课堂所学，针对疑惑提问，并获得教师的及时解答。同时，学生可以在线上平台自主完成作业和测验，教师也能在线上进行作业批改和答疑解惑，极大提高了教学的效率与质量。

线上学习平台为学生提供了预习的便利，使他们能够提前接触并理解即将学习的知识。对于遇到的不解之处，学生可以预先在平台上留言提问，这样教师便能根据这些疑问有针对性地安排和设计课堂教学内容，从而极大地提高了课堂教学的效率。此外，线上平台还鼓励学生组建问答小组，共同就某一问题进行深入讨论。这种小组讨论模式不仅有助于学生深化对知识点的理解，更能有效增强他们的团队合作意识和自主学习能力。通过这种形式的互动，学生能够持续提升自己的知识和技能水平，实现全面而均衡的发展。

4.线上线下混合式教学设计的原则

（1）教学目标导向原则

在现今多平台、多资源、多方式的线上线下融合教学模式中，确立明确且恰当的教学目标无疑是引领教学活动顺利进行的基石。授课教师在制订教学目标时，应紧密结合课程的内在特质，确保目标的科学性与合理性。在此基础上，教师应根据目标的具体要求，有条不紊地安排线上线下教学任务，确保重点难点得以凸显，教学内容层次鲜明。通过精心组织和实施教学活动，确保每一步骤都紧密围绕教学目标展开，最终达到理想的教学效果，为学生的全面发展奠定坚实基础。

（2）学生主体性原则

在新时代教学理念的引领下，教学模式亦随之革新。在这一过程中，学生被置于教学活动的核心地位，而教师则扮演着引导者和陪伴者的角色。教师应以学生为中心，精心调配教学资源，巧妙设计教学流程，以激发学生的内在动力和学习热情。学生的主体性应贯穿于整个教学过程：课前，学生可自主挑选线上资源进行学习，构建新知；课中，通过教师的讲解与点拨，深化理解，实现知识的内化；课后，学生则通过自我总结和归纳，巩固所学，形成扎实的知识体系。

（3）融合过程与结果的全面评价

线上线下混合式教学模式体现了"教"与"学"的深度融合。在这种教学模式下，教学评价需要全面衡量教与学的效果。传统的单一评价方式已无法适应这种教学模式的需求，因此，我们需将过程性评价与终结性评价相结合，以全面、多角度地考核学生的学习成果。这两种评价方式应相互补充，而非重叠，以确保评价的全面性和准确性。

（二）线上线下混合式教学模式实践应用

在课前准备阶段，教师可以充分利用学生在网络平台上提出的问题作为教学设计的参考。针对课程的难点和学生普遍存在的疑问，教师可以精心制作教学视频，并上传至学习平台，供学生自主学习和反复观看。此外，教师还可以组织学生进行线上小组讨论和互动交流，提升学生参与课堂的积极性。在作业管理方面，教师不再局限于传统的纸质作业，而是可以利用平台发布和批改作业，这一转变不仅方便了学生提交作业，也极大提高了教师批改作业的效率。平台还能详细记录每位学生的学习进度和知识掌握情况，为教师提供精准的数据支持，使其能够更有针对性地进行指导和教学，帮助学生加强薄弱环节，进而提高整体教学效率。在传统课堂教学中，教师往往难以兼顾每位学生的学习需求，实现一对一的指导。然而，在线上线下混合式教学模式下，借助信息技术和大数据技术的优势，教师可以全面掌握学生的学习情况，深入了解每位学生的优势和不足。这使教师能够更有针对性地设计教学内容，提供个性化的学习支持，从而有效提升教学质量和效率。对于学生作业中的难题，学生可以组成学习讨论小组，通过小组成员之间的合作与交流，共同解决问题。在小组中，成绩较好的学生可以发挥带头作用，帮助成绩稍差的学生克服困难，提高整个小组的学习积极性。而教师则只需解答小组讨论后仍无法解决的问题，这大大减轻了教师的教学压力和负担，使其能够更专注于课程内容的编排和教学质量的提升。

线上教学模式鼓励学生通过互联网平台完成教师分配的任务，此举彻底摈弃了传统纸质作业在书写和批改上的烦琐。学生的作业进度和完成情况被详尽地记录在系统中，使教师可以轻松追踪每位学生的作业状态，一目了然，极大缩短了核对时间，显著提高了批改工作的效率。过去，学生完成线下作业后，教师往往需要花费一周的时间才能给予反馈；而现在，线上作业一旦完成，教师便能迅速给出批改结果，让学生及时了解自己的不足之处，从而积极寻求解决方案，这不仅有效缓解了学生的学习拖延现象，还极大地激发了他们的学习热情，提高了学习效率。

此外，网络平台上的作业布置还鼓励学生进行小组讨论，共同应对和解决在知识运用中遇到的难题。每个小组推选一名组长，负责引导讨论并记录讨论内容，同时实行轮值制度，让每位组员都有机会担任组长，以此培养学生的责任感和团队协作能力。教师会不定期地检查各组的讨论情况，对不足之处给予及时指导，以确保学生能够深入理解和掌握所学知识。

1. 混合式教学活动实践

（1）课前规定线上预习

在课前预习的关键阶段，主要依托微课材料和问题讨论两大核心。首先，教师会基于教学计划，将课程内容划分为多个精细的微单元，并预先上传学习视频、图文资料至网络学习平台。此外，还特别设置了一个讨论区域，供学生提问，以解答他们在预习过程中产生的疑惑。

（2）线上课前自主学习

课前自主学习阶段，教师会深入分析教学目标，精心策划教学流程，并构建一个资源丰富的数据库，该数据库包括知识资源的短视频和多样化的文档材料。这样的资源库旨在为学生提供便捷的学习途径，帮助他们提前预习相关内容，为课堂学习做好充分准备。视频资源尤为丰富，不仅包含教师针对下次课程内容录制的要点微视频，还引入了其他院校的优质教学资源，让学生能够从多角度、多方式获取知识，构建自己的知识体系。

（3）建立任务驱动式的课前预习

教师会根据教学目标，将本节课的内容分解为若干小任务。学生将在任务的引领下，自主查阅资料，观看视频，形成自己的见解和想法。同时，他们将遇到的问题及时反馈到平台上，与教师和同学进行深入的互动交流。此外，教师还会通过线上平台对学生学习行为的记录、统计和分析，及时了解学生的学习状况，使课堂教学更具针对性和实效性。

（4）课后落实线上考评

在线上线下混合式教学模式的课后考评环节采用师生互评的方式来全面评估学生的学业水平和教师的授课质量。一方面，对于学生的学业考核，不再局限于对知识的简单记忆和掌握程度，而是更加注重考查学生的思辨能力和创新能力。这一转变旨在纠正线上教学中可能出现的学生学习态度不端正、学习消极等问题，促使学生更深入地思考问题，培养他们的创新思维。为实现这一目标，教师需要科学划分课前预习、课中展示和课后考评的分数占比，实施"过程性"考核。这样，学生的成绩不再只基于单一的期末考试，而是更全面地综合了他们在学习过程中的表现和成长。教学成果也将从过去的记忆知识转变为掌握规律、建立模型、学会应用、能够创新，这既是对学生学习能力的全面检验，也是对教师教学设计能力的深刻考验。另一方面，鼓励学生对教师的授课情况进行客观评价，并如实反馈教学过程中存在的问题。这些反馈将为以后提高教学质量提供宝贵的实践经验。

（5）线下课堂教学

课中教学需着重强化线上线下教学的深度融合。学生应在课前预习的基础上，参与分组探究式学习，随后在课堂上以团队形式展示他们的学习成果。而教师则需根据各小组的学习表现，灵活调整教学策略，进行有针对性的补充和深化。在建构主义的指导下，我们应积极为学生营造一个自主学习的环境，在线上线下混合式教学的框架下，鼓励学生主动探索知识，自主构建知识体系，充分发挥他们的主体作用。

课堂教学应当聚焦于重点、难点，确保教学内容具有针对性。学生的课前自主学习成果应及时在线上平台展示和反馈，教师需仔细分析学生的反馈，据此准备课堂的教学内容。在授课过程中，教师应着重讲解疑点、难点，帮助学生解开疑惑，完成知识的内化过程。同时，结合适当的练习和讨论，引导学生深入探究，培养他们的批判性思维和创新能力。

在课堂上，教学不仅要回顾、巩固线上所学，更要深化、转化这些知识，通过深入、互动性强的讨论或案例分析，推动学生对知识的深入理解与灵活运用。

课后实践是课堂学习的延伸，为学生提供了将所学知识付诸实践的机会，是对课堂知识的进一步巩固和拓展。教师在课后需精心设计适量的作业，用以加深学生对课程内容的理解，并检验他们的学习成效。学生应按时完成作业并上传至线上平台，以便教师及时批改。教师批改作业的目的有二：一是评估学生的学习表现，给予他们公正的反馈；二是通过作业发现学生可能存在的知识盲点或理解误区，为下次课堂提供有针对性的解答，确保学生所学知识得到全面消化和吸收，不留任何疑问。此外，课后实践环节应强调师生之间的互动交流，构建一个由教师、学生和资源共同参与的互动学习过程，形成一个紧密的学习共同体，共同促进知识的积累与运用。

2. 线上线下混合式教学评价

教学评价是教育过程中不可或缺的一环，不仅关注学生的学习成果，更重视学生的学习过程。因此，本书将教学评价细化为过程性评价和终结性评价两个维度，以全面、准确地评估学生的学习状态与效果。

过程性评价聚焦于学生学习过程中的各个细节，它涵盖了网络教学平台的各项统计数据，比如，学生的学习时长、进度追踪、在线测试成绩、作业提交情况以及参与讨论互动的活跃度等。同时，也包含了学生在传统线下课堂中的表现，又如，出勤情况、课堂发言的质量以及解决疑难问题的能力等。这种评价方式能够实时监控学生的学习状态，及时发现问题并给予指导，有助于激发学生学习的积极性和主动性，在整体评价体系中占据着举足轻重的地位。终结性评价则侧重于检验学生的学习成果，通过章节测试、期中测试和期末测试等形式进行。这些测试采用纸质化试卷的方式，考题设计注重综合性，旨在考查学生对知识的深入理解和实际运用能力。

3. 线上线下混合式教学实践中需注意的问题

（1）教学资源库建设

①线上教学资源及时更新完善。融合线上与线下元素的教育模式对网络教育资源提出了严格的品质标准，这些资源不应只是视频、课件及新闻素材的随意拼凑。一是必须确保资源的现代性和新潮性，因为社会体制与专业知识体系在持续优化，故而网络教育资源需紧贴社会变迁，教学实例亦应反映时代最新动态；二是要注重资源的卓越性和个性化匹配，教师应根据学生具体的学习倾向及认知水平，重新设计专业课程框架，构建类似树木的结构——从主干延展到细枝末节，引领学生逐步深入探索，拓宽知识边界；三是教师应当亲自创作视频、课件、微型课程等，超越单纯上传网络现有资料的范畴，尽管网上的高质量教育资源可作

为借鉴，但直接套用不可取，每位教师都应依据学生的特性和课程特性，汲取优质课程精华，定制化地打造适合自己班级的专属教学材料。

②在视频资源的制作上，我们追求的应是精练易懂。线上教学资源应力求精简，避免冗长和晦涩难懂的内容。将教学资源进行模块化、微型化处理，并融入情景化的元素，同时保持一定的趣味性。冗长乏味的教学视频往往会让学生失去耐心，对学习产生抵触情绪。而简短明了、内容生动有趣的视频资源则能够吸引学生的注意力，激发他们的学习热情，引导他们进行深入的思考和探讨。

③为了提升学生的学习体验，积极建设问题资源库。这个资源库将涵盖学生在学习过程中遇到的各种技术问题和理论问题。我们还将构建一个课后讨论平台，每位学生都可以在这个平台上发布自己的问题，同时可以为其他同学解答疑惑。每隔一段时间，教师会根据讨论区的热点问题以及解答过程整理成材料文档，形成问题资源库。每位学生都可以将自己的问题和解决方案按照不同的类别上传到资源库中，为后来学习的同学提供参考。随着新问题的不断加入，这个资源库将不断得到丰富和完善。

（2）教师要加强教育信息化学习

为了确保线上线下混合式教学实现资源的无缝衔接和高度融合，教师务必具备扎实的信息技术能力。然而，目前部分教师在此方面尚显薄弱，仅能在网络教学平台上进行简单操作，导致线上教学的效果大打折扣。因此，各高校应定期组织信息技术培训，旨在提升教师的信息技术应用能力，使教育技术真正成为教学的得力助手，为教学质量和效率的提升提供有力支持。

（3）线上教学平台的选择

线上平台作为线上资源的重要载体，其选择不应草率。一个成熟的线上教学平台，必须满足以下基本要求：首先是便捷性，平台界面设计应清晰明了，便于学生快速上手和操作；其次是性能稳定，平台应具备良好的存储和回放功能，确保网络畅通无阻。这些基本条件是开展线上教学的基石，只有在这样的平台上，才能更好地发挥线上教学的优势，为学生提供优质的学习体验。

（4）教学设计要综合考量

为了确保线上线下混合式教学能够真正提升教学质量，同时考虑到学生的实际情况，避免流于形式，教师应从以下两方面精心设计：一是线上线下混合式教学课程的选择应科学严谨。教学团队需深入分析专业特色和课程特点，明确专业培养目标，评估哪些课程最适合采用线上线下混合式教学。避免"一刀切"的做法，而是根据每门课程的具体需求和学生的实际情况，灵活选择教学方式。同时，应将线上线下混合式教学课程在各授课学期均衡分布，以确保学生有足够的时间来适应和融入这种教学模式。二是线上线下时间分配要科学合理。线上学习时间过多可能会使学生感到疲惫不堪，影响学习效果。因此，要合理安排线上学习时间，避免学生整天忙于刷视频和在线作业。同时，线上学习时间过少也会导致线上教学流于形式，无法充分发挥其优势。应确保线上时间得到充分利用，使学生能够深入学习和理解线上资源，真正将资源转化为自己的知识。

（三）线上线下混合式教学质量评价

1.线上线下混合式教学质量评价体系构建的必要性

线上线下混合式教学独具魅力，其特点在于学习空间的灵活性和教学方法的多元性，这些特点对学生自主学习的能力和动力提出了更高要求。倘若在评价方式上缺乏科学性和有效性，未能有效激发学生的主动学习热情，这种教学模式的潜在价值便难以得到充分发挥。

（1）质量评价是反映教学质量的有效途径

教学模式的创新旨在持续提升教学质量，而评价教学质量的关键则在于构建一套科学的评价体系。因此，打造一套可操作性强、能够量化评估的质量评价体系，不仅是线上线下混合式教学顺利实施的必要条件，更是确保教学质量稳步提升的重要保障。

（2）质量评价是线上线下混合式教学成功实施的关键支撑

鉴于这种教学模式对学生主动学习的高要求，而学生在这方面的能力往往有所欠缺，激发其主动学习热情显得尤为重要。因此，我们迫切需要构建一个能够激发学生主动学习热情的质量评价体系。这样的评价体系不仅有助于提升学生的学习质量，还能有效弥补传统考核模式中终结性考核的局限性，确保过程性考核得到应有的重视。在构建评价体系时，应依据课程特性合理设定评价指标的权重，以引导学生重视学习过程，进而实现学习质量的全面提升。

（3）质量评价是对教师辛勤工作的认可与尊重

线上线下混合式教学对教师而言，意味着更多的投入和更大的挑战。他们不仅需要精心搭建在线开放课程平台，还需通过多样化的教学方法和策略来激发学生的学习兴趣和状态。因此，加强过程性考核不仅有助于学生更好地吸收知识，更是对教师工作成果的一种公正评价。随着线上线下混合式教学在高校中的广泛应用，构建一套科学、实用的教学质量评价体系，对于客观评价学生的学习效果、促进教学模式的持续优化，具有至关重要的意义。

2.线上线下混合式教学质量评价原则

教学质量评价不仅能对教师的教学进行规范和引导，促进其不断进行教学反思与改进，也能有效激发学生的学习热情和动力。在构建线上线下混合式教学质量评价体系时，应遵循以下四原则。

（1）差异化原则

鉴于学生之间在知识水平、学习能力和兴趣爱好等方面的显著差异，传统的标准化评价方式已无法满足当下高校学生的多样化需求。为了全面培养学生的沟通能力、协作能力和专业能力，学校应针对不同层次的学生实施差异化教学，并在评价过程中将评价对象细分为协作小组和学生个体，以确保评价的针对性和有效性。

（2）双主体原则

在传统的教学评价中，教师往往占据主导地位，这可能导致评价结果的片面性和不公正性。为了避免这种情况，线上线下混合式教学评价应引入学生作为评价主体，实现学生与教师共同参与评价。通过在不同学习环节中采用互评的多样化评价方式，我们能够更准确地了解学生的学习情况，同时能够激发所有学生积极参与学习活动的热情，实现评价的全面性和客观性。

（3）全过程原则

传统的评价方式过分依赖期末考试成绩，导致学生往往忽视学习过程，缺乏持续的学习动力。在线上线下混合式教学中不仅要引入过程性评价，更要加大其权重，以凸显过程学习的重要性。线上线下混合式教学涵盖了课前准备、课中互动和课后巩固三个关键学习环节，因此，我们的评价也应全面覆盖这三个环节，确保对学生学习过程的全方位、多角度量化评价。

（4）透明化原则

评价结果是学生学习成果的综合体现，具有高度的权威性和公信力。为了保障评价结果的公平性和公正性，必须确保评价过程的公开透明。在线上线下混合式教学中，线上学习活动可以通过课程网络平台进行实时追踪和结果统计，线下学习活动则可以通过量化赋分的方式实现即时评分，并定期公布统计结果，接受全体学生的监督。

三、基于翻转课堂的教学模式

（一）翻转课堂的内涵

翻转课堂，这一创新的教学模式，核心在于重新布局学生的学习路径，鼓励学生在家通过观看教师精心录制的时长 10 分钟左右的教学视频，预先探索新知识。随后，学生步入课堂，不再是被动的听众，而是带着疑问和好奇心，与同伴和教师共同探讨、深化理解，并通过练习巩固所学。因此，翻转课堂也被形象地称为"颠倒课堂"，它彻底颠覆了传统的教学流程。在传统的课堂中，学生通常是课上听讲、课下复习。而翻转课堂则彻底改变了这一模式，它要求学生先行自学，随后在课堂上进行深入的互动与探讨。这一变革的背后，是信息技术与教育的深度融合，真正实现了技术为教育赋能，而非单纯的技术堆砌。

随着翻转课堂的实施，课堂学习过程中的各个环节也经历了深刻的变革。近年来，专家学者与一线教师的深入研究揭示了翻转课堂的多重优势。

1. 打破时空局限，减少学习障碍

依托现代多媒体技术和先进的网络平台，教学视频得以突破时空限制，为广大学生提供丰富的学习资源。这一创新解决了地理位置偏远、时间冲突等因素带来的辅导难题，无论是因故缺课的学生还是身处异地的求学者，都能获得及时有效的学习支持。更重要的是，它打破了地域界限，让偏远地区的孩子们也能触及发达地区的教育资源，全球各地的人们都能享受到免费的高品质教育内容。在学习网络视频的过程中，学生拥有了更高的学习自主权。他们可以自由调节学习的节奏和速度，根据自己的需求和进度进行学习。对于教学中的难点和重点，学生可以灵活安排时间，根据自己的实际情况反复观看，并通过视频中的暂停、回放功能进行深入思考和笔记记录。这种学习方式不仅有助于学习困难的学生逐步转化，还能帮助那些因知识理解速度跟不上教师讲授进度的学生逐步追赶上来，减少学习障碍，增强学习的自信心。

2. 利用多种资源，提高"翻转"成效

翻转课堂凭借其强大的信息技术支持，巧妙地融合了视频、声音、图片等多媒体资源，将音、形、义、色等元素融为一体，创造出丰富多样的教学形式。这种新颖的教学方式极大地激发了学生的学习兴趣，鼓励他们眼观、脑思、手动、口说、耳听，多感官共同参与学习过程。根据美国学者埃德加·戴尔的"学习金字塔"理论，这种全方位、多感官参与的学习方式将极大地提升学生的学习效果。与此同时，翻转课堂充分利用了网络的优势，整合了各类学习素材，满足了学生的个性化学习需求。在学生、教师之间搭建了一个即时互动的交流平台，使学习过程中的问题能够迅速得到解答，学习心得能够及时分享。此外，教师在备课过程中也能轻松借鉴网络上优秀的教学资源，不断丰富教学内容，实现教学相长。

3. 实现量化管理，彰显科学教学

在传统的教学场景中，教师往往依赖于个人的教学经验和学生的即时课堂反应来推测教学进度与学生的理解深度，这种主观判断往往难以避免偏差。然而，翻转课堂借助先进的人机交互模式，能够实时记录学习过程中的海量数据，即时反馈学生的学习成果，构建了一个庞大的学习、认知数据库。教师们可以通过对这些数据的科学分析，精准掌握学生的学习动态，从而灵活调整教学策略，实现精准化教学，显著提升课堂教学效果。更重要的是，翻转课堂运用人机交互技术所收集的学生学习信息，为教师提供了丰富的数据资源。教师可以从中提取出学生的个性特征、行为习惯、学习能力等多维度信息，为学生建立个性化的学习档案。这不仅有助于教师对学生各环节的学习表现进行形成性评价和总结性评价，还能为教育教学提供客观公正的诊断依据，极大地提升了学生日常学习行为量化管理的信度与效度。

（二）翻转课堂教学模式的特点与意义

1. 翻转课堂教学模式的特点

（1）以"动态建构、生成学习"为中心

"教"始终服务于"学"。乔纳森·伯尔曼和亚伦·萨姆斯作为翻转课堂的开创者，他们深知传统的单向教学模式已无法有效促进学生的深层次认知能力发展。因此，他们提出了翻转课堂的概念，并将其进一步命名为"翻转学习"。在翻转学习中，"教"的本质不再仅仅是知识的传递，而是引导、启发和辅助学生自主学习。教师的角色转变为学习的促进者和指导者，他们需要根据学生的学习进度和理解程度，灵活调整教学策略和方法，确保教学内容与学生的学习需求相匹配。同时，翻转学习强调学生的主动性和参与性。学生在课前通过观看教学视频、阅读学习资料等方式进行自主学习，然后在课堂上通过与教师、同学的交流和讨论，深化对知识的理解和应用。如果教师的"教"没有立足于学生的"学"，那么教学就失去了其本质意义。因为教学的最终目的是帮助学生掌握知识、提高能力、实现自我发展。如果教师的教学只是停留在表面的知识灌输，而没有关注学生的学习需求和认知发展，那么学生的学习就会变得无意义。

奥苏伯尔的有意义教学理论为翻转课堂的设计提供了坚实的理论基础。该理论强调，有意义的教学必须满足三个核心要素：教学内容的结构性和逻辑性、新知识与学生原有认知结构的兼容性，以及学生的学习意愿。首先，翻转课堂强调对学生认知能力的全面了解。这主要通过课堂前测、课前任务单、项目布置等方式来实现，确保教学内容和教学方法与学生的认知水平相匹配。这种了解是设计有意义教学的基础，使教师能够根据学生的实际情况，灵活调整教学策略，提高教学的针对性和实效性。其次，翻转课堂对教学目标和教学内容有着清晰而精准的定位。通过明确的教学目标设置、教学内容的精选与重难点的合理布局，翻转课堂确保了教学内容的逻辑性和结构性，使新知识能够顺利地与学生原有的认知结构相融合。在翻转课堂中，接受性学习与发现性学习被巧妙地结合起来。接受性学习主要发生在课前，学生通过观看教学视频、阅读学习资料等方式，自主获取新知识。而在课堂上，则主要进行发现学习。教师通过设计各种教学活动，引导学生运用所学知识解决实际问题，培养学生的创新思维和实践能力。这种学习方式不仅提升了学生的学习效果，也促进了学生的全面发展。翻转课堂的先进之处在于，它充分利用了师生面对面的时间，设计了丰富多样的教学活动，以促进学生主动发现式学习。这些活动不仅激发了学生的学习兴趣和积极性，也培养了学生的自主学习能力、合作精神和创新精神。通过这种有意义的教学设计，翻转课堂成功地解决了"教"与"学"的逻辑关系问题，实现了教学相长、共同发展的目标。

（2）"动态建构"与"生成学习"

尽管传统的教育模式核心在于教师的直接教导及信息的单向流动，翻转课堂则体现了一种融合了直接教学与建构主义学习理念的新范式。建构主义理论主张，知识并非单纯经由教师灌输获得，而是学习主体在特定的社会文化环境这一框架内，在他人的协助下，利用丰富的学习资源和先进的信息技术工具，通过自我构建意义的过程主动获取。在此视角下，翻转课堂不仅保留了直接讲解的元素，还强调在建构主义学习框架下，教师需根据学生作业、交流讨论及课堂活动中的表现来精准识别问题，理解学生的兴趣导向，洞察其学习意愿及潜在的能力倾向，再巧妙运用现代科技手段，激励并辅助学生自主地进行知识探索与构建。

翻转课堂从根本上重塑了教育的主导权，将其从教师转移至学生手中，与之相对的是预设导向的传统教学方式。在经典的教室场景里，众多学生往往仅需扮演倾听者的角色，遵循着教师预先设定的教学轨迹，包括学习目的、内容等均事先由教师独家规划，学生鲜有空间去实践参与、创新或自我实现的过程。而翻转课堂则要求学生不仅要带上他们的注意力，还需激活他们的语言表达与思维能力，积极参与课堂的每一个环节，此时，教育的"讨论权"与"思辨权"被正式赋予学生。教师在这样的框架下，依据建构主义的认知模型，重视知识的动态本质、学生作为学习主体的主动构建过程，以及教育引导的灵活性。正因如此，翻转课堂常被誉为一种"生成课程"，其中学生经历的，是一种"生成学习"。

2. 翻转课堂教学模式的意义

依托学校特定的教学规划与课程具体内容，教师首先聚焦课程的核心点、挑战性内容及新兴知识点，精心筹备微型教学视频、演示文稿等形式的教育资源，并将这些素材上传至精心构筑的在线学习环境。学生则在正式课程开始之前，通过网络访问这一平台，利用教学短视频或 PPT 开展自我引导式的新课程预习。观看完毕，学生随即参与平台内置的在线测验，以此强化新知的内化过程，同时记录下预习时产生的种种疑惑，预备在随后的实体课堂上，与教师及同窗进行深度的问答互动与探讨，直至彻底掌握新学知识。此教学策略即所谓的"翻转课堂"，亦称"逆向课堂"或"颠倒课堂"。该教学模式完美呼应了教育革新所倡导的"以学生为主体"核心思想，不仅塑造了学生自主探索的学习习惯，更促使学生的学习态度从过去的"被迫接受"转型为积极主动地"渴求知识"，实现了从"要我学"到"我要学"的根本性变化。

（三）高校翻转课堂教学活动设计

1. 激发学习动力

翻转课堂模式着重强调学生独立学习的能力，而学习个体的内在驱动力则是自主学习不可或缺的关键要素。当学习材料无法激起学习者的兴趣，导致动机缺失时，学习进程几乎陷入停滞。针对这一挑战，来自美国佛罗里达州立大学的学者约翰·M.凯勒，在1983年提出了ARCS动机模型，这一模型在刺激、维持学生的学习动力，并确保持续学习的过程中，展现出极高的实践指导意义。ARCS动机模型主张，教学策略应首先着重吸引学生注意力，通过设计富有趣味性的活动激发学生的关注（Attention）；要建立知识与学生日常生活、未来职业生涯及考核需求之间的联系，增强教学内容的相关性（Relevance）；营造适宜的教学氛围及采取积极的评价机制，以提升学生的自信心（Confidence）；通过树立榜样、设置创新奖励等手段，让学生在达成目标的同时获得满足感（Satisfaction），从而全方位促进学习动机的提升与保持。

2. 个性化课堂环境设计

翻转课堂的核心优势在于其极大地促进了学生的自我驱动学习。这一理念与20世纪70年代本杰明·S.布鲁姆所倡导的"精熟学习"不谋而合，该理论立足于班级授课体系，融入即时反馈机制，确保学生在充分的时间支持与个性化指导下，牢固掌握每一阶段的知识后，方过渡到下一学习阶段。这种"精熟学习"模式代表了一种高效的个别化教学策略，成功融合了集体教学与个别辅导的优点，有效助力绝大多数学生取得优异学习成果。其实施流程涵盖了明确学习方向、新知识讲授、学习成效评估及针对性补救四个关键环节。此外，哈佛大学物理学教授埃里克·马祖尔引入的"同伴教学法"进一步丰富了这一模式，强调课堂上学生间的主动交流与合作，增强了师生及学生之间的互动频度，从而使翻转课堂不仅是一个观看视频的过程，更是一个高度互动、深度参与的学习体验过程。

3. 协作互动的学习活动设计

翻转教学的核心议题在于如何高效且最大限度地优化面对面教学时间，尤其是通过何种策略设计和促进学生协作学习活动，成为这一模式成功实施的关键所在。

（1）协作学习活动设计

众多教育者在日常教学实践中已尝试过小组形式的学习任务分配，旨在促进学生之间的合作，然而，实践中常见的困境是小组内部往往出现责任不均的情况，仅少数成员承担主要工作，其余学生则处于旁观状态。在翻转课堂框架下，教师应当设计具有更高互动性和参与性的协作学习活动，区别于简单的团队合作，这种学习模式强调在共同目标指引下的团队努力与成员间适度的竞争。协作学习通过构建一个既包含团结合作又不失个体贡献差异的动态环境，利用竞赛、辩论、问题求解、角色互换等多种手法，旨在充分挖掘每位小组成员的潜力与创造力，进而促进全体学生深层次参与及主动学习。

（2）交互学习活动设计

在翻转课堂教学模式中，小组构成了交互环节的基石单元，规模通常维持在三人至六人，而团队的组建可通过多种途径实现，诸如，依据学业表现的分组、竞技式小组游戏、模块化重组、共研共生模式，以及小组调研任务等。在小组交互环节，教师被赋予了观察者的敏锐角色，需不断留意每组及其成员的细微动向，及时介入引导，力保每位学子能全情投入学习之旅。在此情境下，信息流丰富却微妙，既潜藏又瞬息万变，要求教师具备透视隐形信息的慧眼，并巧将其转化为直观资源，嵌入教育实践的经纬之中。教师在驾驭翻转课堂小组进程时，需扮演决策者的角色，审时度势，采纳适宜的交互技巧，以维系活动的高效运转。小组讨论，作为核心交互策略，可通过确立特定准则如（声明—缘由—证实 S-R-T）讨论框架来强化，鼓励学生清晰表达观点、阐述理由并佐以事实支撑。此外，灵活运用其他交互策略同样重要，比如，轮流发布令牌、创意风暴会议、工作簿引导学习，以及拼图学习法，均为激发小组活力与深度学习的有效工具。

（3）处理好合作与竞争关系

20 世纪 20 年代，格式塔心理学者道奇，自目标结构的维度启程，界定了合作与竞争的概念框架：倘若个人的追求助力他人迈向目标，则视为合作性目标；反之，若此追求成为他人达成目标的阻碍，则归类为竞争性目标；若个人追求与他人成就无直接关联，则构成个人的目标结构。其后，约翰逊兄弟对此学说进行了系统的整合与深化，提出社会相互依存理论，该理论区分了正向相互依存（合作）与负向相互依存（竞争）两大类别，强调当个体群聚一堂，营造出激励、扶持与关爱的集体氛围时，最能凝聚共识，携手朝向统一目标前进。因而在翻转课堂教学实践中，教师承载着设计一套完备评价机制的重任，旨在催生一种正向相互依存的学习社群环境，巧妙调和合作与竞争的天秤，促使学生在互助、促进、尊重的土壤中共同成长。

（4）营造温暖的课堂氛围

选择理论的奠基者哥斯着重指出，青少年学子的四大核心需求——归属（友谊）、影响别人的力量（自尊）、自由和娱乐，是教育过程中不可忽视的关键。哥斯坚信，学校的真正成就非仅仅体现在学术成就上，而在于能否培养出温馨且具建设性的人际联系，这些联系构成了成功的基石。马斯洛的需求层次理论同样强调，对青少年而言，获得尊重的需求尤为迫切。在翻转课堂的架构下，教师需致力于确保每位学生都能无障碍地融入课堂互动，营造一个低风险、无惧错误的参与环境。这要求教师构建一个充满温情的学习氛围，积极促进学生之间的互动交流，同时提供便捷的自我验证途径，让学生能随时验证个人见解的准确性。此外，鼓励学生探索多样化的解题思路，激励他们勇于分享和实践自己的创意，乃是翻转课堂中培养全面能力、满足学生深层次心理需求的关键所在。

（5）教学相长，向他人讲授

认知科学的探究揭示，信息欲长久留存于脑海，并与既有知识网交织互联，学习主体必须对学习材料进行深度加工与重构。而最高效的加工方式之一，便是向他人阐释所学内容。历经个人探索与团队协作的洗礼，学生所达成的个人或团队成果，理应在课堂上公开展示，分享学习旅程与展示作品，这一过程也让教师得以洞悉学生的思维模式与兴趣焦点。教师面对的是一个个独特的个体，他们携带各异的成长背景与认知路径。学生的思想应紧随时代脉搏，映射社会进展，翻转课堂中的学生自我展示，不仅是知识传递，也是教师借以吸纳现代、网络化新知的宝贵窗口。每一次与新学生相遇，都是对教师适应多元认知风格与个性化学习需求能力的考验与提升。

4. 翻转课堂视频制作的关键要素

设计翻转课堂模式，微视频扮演着不可或缺的核心角色。这类视频通常时长约 10 分钟，具备清晰的教学目的，内容精练，旨在精确传达单一学习点。

理想的微视频应具备"微小精练"的特质：专注于单一知识点；内容凝练不冗余；视听效果清晰；采用适宜的技术手段制作；融入多样的创意互动元素。录制时，教师应展现出亲和力强的形象，发音准确，语速适中，语言表述需贴合学生的认知水平，适度融入学生常用语或正面积极的网络流行语，以激发学生的求知欲。微视频内容应精选讲授材料中的核心与难点，避免选择过于基础以至于微视频价值不明显，或是难度过高而限制其效用发挥的情况。制作素材应贴近学生的学习与生活实际，便于激发学生的好奇心与学习热情。

（四）翻转课堂教学模式的优化策略

翻转课堂通过颠倒知识传授与吸收的常规顺序，显著增强了学生作为学习主体的角色，然而，这一转变也伴随对学生自主性管理、自主学习成效的监测，以及教学流程标准化等方面的挑战。针对这些实践中的难题，本书从多个维度出发，为高校内翻转课堂教学模式的优化与实施提供了以下建议。

1. 注重学生课前自主学习的监督与指导

翻转教学模式赋予了学生前所未有的主体地位，使他们能够依据个人情况灵活自主地安排学习。这种跨越时空的学习模式本应是激发学生自主性和创新精神的理想方式，但对自主学习能力欠佳的学生而言，强化学习过程的监督、提供具体学习策略指导，以及通过丰富学习材料来提升学习吸引力，成了必要措施。通过引入积分管理系统，可以宏观调控并量化学生在自主学习及协作学习上的表现，对那些自主学习动力不足的学生形成正向激励。当然，积分制度须事先与学生充分沟通并达成共识，在执行过程中视情况灵活调整，确保始终遵循以学生为中心的原则。另外，加强对学生学习方法的指导，是帮助他们独立完成学习任务的关键。尽管翻转课堂将学习的主导权交给了学生，但这并不意味着教师放手不管，而是应当积极参与，引导学生掌握有效的学习策略，精选学习资源，减少学生在资料收集上不必要的耗时，从而提高学习效率。再者，调整学习内容本身，比如增设富有挑战性的学习任务、丰富学习材料，也是提升学生自学兴趣的有效途径，使其从内心深处促进自主学习效率的提高。总之，通过上述综合策略的实施，旨在为学生打造一个既自由又有序，既富有挑战又充满吸引力的学习环境，充分调动其自主学习的积极性与创造性。

2. 针对学习内容合理调整翻转教学流程

自从翻转课堂的模式面世以来，诸多国内外教育专家在罗伯特（Robert）最初提出的翻转课堂模式上，纷纷构建了各具特色的扩展模式。尽管他们普遍遵循课前知识传递与课内知识深化这一核心流程，并在两阶段中融入多元教学法或数字化工具，有效提升了教学质量，但也不免导致教学环节趋于繁复，有时形式重于实质。因此，在设计教学活动和策略时，应当更加聚焦于课程内容的独特性，灵活调整教学程序，确保内容与形式的和谐统一。在高校实施翻转教学的实际操作中，优化教学流程显得尤为重要，这意味着要精简课堂内的学习任务数量，避免重复考查同一知识点的活动，注重提升每次学习活动的深度与效益，确保在不额外增加学生压力的前提下，精准达成教学目的。简言之，优化翻转课堂的关键在于，通过精准定位教学内容的核心价值，量体裁衣般定制教学活动，以质取胜，而非量的堆砌，从而在保持教学效率的同时，促进学生深入理解和应用知识。

3. 借助交互平台实时反馈自主学习效果

在汲取了国内外学术界关于翻转教学的深邃理论及丰富实践经验后，高等院校应当加大对教学交互环节的关注力度，特别是强化教师与学生之间的交流与对话。在学习前置阶段，细致收集并分析学生自主学习的反馈信息，对于教师依据学生实际掌握程度灵活调整课堂教学方案至关重要。因此，充分运用交互平台不仅能即刻响应学生的疑问与困难，还能使教师宏观把握学生的学习态势，据此精挑细选教学任务与资源，有的放矢地组织教学活动，确保教学的精准性和高效性。

（1）实施翻转教学的课程方面

在面向全校范围开设的公共文化艺术修养课程中，学生群体来自五花八门的专业背景，他们各自的知识基础与理解能力也参差不齐。因此，实施翻转教学时，需紧密围绕课程特色与学生学习的多样性进行定制化设计，涵盖教学资料的精心挑选、课程翻转内容的精准定位，乃至顾及不同学生承受的学习压力等方面。

①适量提供教学资源，体现课程特色。随着课程教学资源的日渐充沛，如何有效利用课外自主学习时段来提升这些资源的效益，成为教学实践中的一个重要议题。在翻转课堂的设计逻辑里，强化课前对教学资源的引导与学习方法的辅导，是提高资源利用率的关键。但随之而来的问题是，资源过剩可能加重学生的负担。因此，在实践翻转课堂时，尤其在学生自主学习阶段，应紧密围绕选定翻转章节的教学目的，对资源进行精细筛选与分类，仅提供必要的学习资料，并利用思维导图清晰展示资料与学习任务之间的逻辑关联，以减轻学生搜寻资料的负担。在资源的选择上，应秉持凸显课程特色的原则，避免过度理论化或高度专业化的材料，转而采用那些深入浅出解释核心概念的方式，如借助知识地图或思维导图，从宏观层面勾勒知识发展的脉络直至微观的深层含义，系统梳理专业知识的演进历程或其背后的历史意义。这样不仅能帮助学生高效选取资源，更能引导他们在自主学习中构建起知识框架，促进深度理解与掌握。

②结合课程知识特点，选取翻转内容。研究显示，在相同条件下，对于那些理论密集度高、概念抽象性强的课程内容，采用传统的面对面教学模式往往能更有效地提高教学效率，相比之下，翻转教学未必是最优选择。因此，在部署翻转教学策略前，应全面考量课程特性，精心挑选适合翻转的教学内容。具体而言，课程中的理论知识板块，鉴于其系统性和连贯性，更适合在教室环境中直接讲授；而案例分析部分，则因其需要多视角的碰撞与融合，更适合纳入翻转教学的框架下。通过将案例的基础知识预置于课前自学阶段，课堂时间则专门用于深度的案例剖析与小组讨论，学生们分享各自从不同视角获得的学习资源与见解，这样的安排更利于深化理解，促进教学目标的圆满实现。

③针对学生学习负担，合理布置任务。在设计学习任务时，需考虑学生的个性化差异，确保学习任务的针对性。秉承"学生中心"的教学理念，在探索新型教学模式时，应充分考虑学生的实际情况来制订教学计划。举例来说，针对学业压力较大的学生，课前任务应适度精简，以防任务过重引发逃避心理，甚至削弱他们对课程的兴趣和参与度。高校可借由课后的访谈了解学生的学习负担及课程态度，结合学生偏好和学习模式，灵活调整每组的自主学习内容与形式，在确保教学目标达成的同时，对负担较重的学生给予更为简易或形式简洁的任务，而对负担较轻或对课程兴趣浓厚的学生，则可布置更富挑战性或形式多样的任务。

（2）高校教学创新环境与资源方面

着重强化教学创新服务体系及学习环境、资源的构建，推动教室信息化升级与学习空间的多样化发展。当前，高校的电化教学中心、网络中心、图书馆等公共教学服务平台急需数字化、信息化的升级转型，着重实现围绕教学创新与学习模式变革的综合协同进步。教室环境亦亟待革新，突破单一的教学模式，营造各式学习交流空间，配套建设相应的网络学习平台和资源库，以便于师生开展多元化的研究学习和团队协作，提供便利的教学支持与服务。

第二节　高校教学质量管理实践与创新

一、教学质量管理的概念

（一）教学质量

迄今为止，教学质量的评判尚未形成统一标准，这是由教育理念的多样性所致——每位教育者在不同理念的引领下，对教学质量的感知与理解自然有所不同。本书在综合考量多种教学质量定义后，提炼出如下概括：教学质量体现为在特定时间段与教育环境下，学生综合素质提升的程度是否达标，以及这一提升是否与广泛社会群体（包括学生本人、就业单位、家庭成员及教育行政管理者等）的期望相契合。人才的成长受到多重因素的制约，欲培养出更多全面发展的复合型人才，需各方利益相关者协同努力，这样既能减少成本，又能提高效率。具体到高等教育领域，教学质量是指通过精心设计、周密组织与有效实施的教学活动序列，旨在达成既定的教育目标和社会发展、个体成长及学校自身发展需求相匹配的人才培养目标所实现的成效。简言之，它是衡量高校如何有效地通过教学活动促进学生发展，以满足社会和个人成长以及学校发展的综合性指标。

（二）教学质量管理

教学质量管理是对学校教学活动进行全面监督与调控的过程，旨在确保教学质量，严控教学各环节质量标准，其特征涵盖全面性、全程性、规范性和动态性。

借鉴全面质量管理的理论框架，一个健全的教学质量管理体系应整合六大核心要素：教学管理职责系统、教学资源管理系统、教学输入系统、教学过程系统、教学输出系统和教学质量检测、分析和改善系统。其中，教学管理职责系统涵盖教学质量方针与目标设定、质量管理机构配置、管理人员任命及绩效评价机制；教学资源管理系统则涉及师资队伍的引进、晋升与培训、绩效评估，教学设备的购置与维护，以及图书馆藏书的丰富与管理；教学输入系统包括培养方案设计、招生录取、学生注册及教材配备；教学过程系统则深入到教师教学、学生学习、课程研发、科研活动、班级治理及考试评价等环节；教学输出系统关注学生的升学与就业情况；而教学质量检测、分析和改善系统则囊括课堂观察、教学评价、顾客反馈处理、数据统计分析及持续改进策略。

二、高校教学质量保障体系的构建

（一）高校教学质量保障体系构建思路

鉴于各高等教育机构独有的地理位置、专业特长、学校定位及人才培养的特定愿景，实现这些目标的路径自然千差万别。为了确保教学流程的完整性、教学活动的有效实施及人才培养目标的顺利实现，构建一个高效的教学质量保障体系显得尤为重要。

教学质量保障体系通常围绕目标设定、标准建立、关键要素、监控机制及持续改进五大核心构建。高校的管理框架与教学运作机制植根于其教育定位及长期积累的实践经验。在国家大力推进高等教育高质量发展，人才培养着眼于满足社会主义现代化建设需求的大环境，外部质量保障体系正逐步走向成熟与完善。在此背景下，高校在制订制度与设计各项体系时，不仅需要参考的基准日益增多，还需要遵循外部保障体系的刚性目标与要求。因此，高校应当以内化外部质量保障的目标与标准为指导，与其内部质量保障目标相协同，扎实推进建设内部质量保障体系，确保学校运行机制的高效性与目标的最终实现。

为确保应用型高校内部教学质量保障体系的高效运作，建立一个"双系统"的教学质量保障体系，应遵循以下核心原则：第一，整体性构建，将外在质量保障的期待与标准内化于学校的独特定位及办学实况之中，实现内外目标的协调统一，确保教学核心领域与周边服务支持系统无缝对接，覆盖多元目标及多方主体协同合作。第二，以"招生—人才培养—就业"闭环作为检验教学质量保障体系效能的标准，全面审视过程与结果的有效性，确保体系的实践价值。第三，拓宽视野，将教学质量保障的范畴扩展至整个教育过程，不局限于教学本身，而追求全方位的教育质量提升。

在此框架下，学校的行政中枢担当起接纳并转化外部质量保障目标与标准的职责，依据国家教育与经济发展战略，营造有利的质量保障环境，协同质量管理、后勤、教学管理、学生事务、科研、招生就业、党委等部门领导，共同细化分解目标，并基于各部门职能范围与职责，实施层次分明、分类推进的执行策略，确保体系的顺畅运作与目标的逐级落实。

在外在质量保障体系的导向下，质量监控部门与教务管理部门协同，根据学校的教育定位及人才培养的愿景，共同确立了一系列教学活动及教学资源的通用准则与操作标准，这些标准通过规章制度、规范、实施方案和指标等形式具体体现。教学活动涵盖了课堂教学、校园实验、校外实习实训、毕业设计等多个维度，而教学资源则主要涉及教材、实验室、教学辅助材料及实习实践基地等。后勤部门专注于教学硬件的建设和教学需求的满足，学生事务部门则负责学生行为规范的制定、综合素质提升及课外活动的组织；党委部门致力于意识形态领域的建设与强化；招生就业部门则制定招生标准并追踪毕业生就业状况以评估教育成效；新闻传播部门则对外传递学校形象；科研部门则设定科研标准与发展规划，推动科研水平的提升。各个教学单位，包括学院与系别，其行政办公室与教学管理团队结合各自专业的特色与学院教学管理的特性，制订详尽的教学质量管理细则，确保教学过程的每一步都达到质量标准。所有教学活动的执行者与学校质量保障部门共同监控教学活动的实施，就业指导部门则负责对毕业生就业结果进行评估，通过及时的反馈机制促进教学质量持续改进与优化。

（二）高校教学质量保障体系建设重点

1.教学与教学服务系统协同的举措

（1）建立学校行政中心在质量保障体系中的领导地位

学校行政管理中心扮演着桥梁与中枢的角色，负责整合外部质量保障目标与内部教学质量目标，协调教学核心体系与外围服务支撑体系，因此，强化学校行政管理中心的引领作用至关重要。其核心职责可概述为三方面：第一，创设质量优先的氛围，强化质量保障意识，将质量保障理念深度融合于学校文化、教学风气与学习风气的塑造中，确保各方行动与理念的一致性传播。第二，作为沟通的轴心，促进教学服务部门、教学单位以及服务与教学单位之间的紧密协作与无缝对接，消除壁垒，增强相互间的协同效应。第三，直接监督质量保障部门的运作，确保其功能的有效发挥，定期听取质量保障汇报，对提出的综合改进建议进行审议与指导，为提升教学质量提供坚实的后盾。

（2）建立质量保障会议制度，保障两个系统质量保障信息对称

确立质量保障会议的例行化安排，无论是定期还是临时，皆需召集两系统各部门主管参与的质量保障协调会议，以确保信息的透明畅通，职责明确，有问题即刻发现，即刻沟通，即时解决，保障双方系统的同步推进及教学质量保障举措的协同一致。

（3）质量保障部门作为日常质量保障运行监控枢纽和质保数据的汇总部门

质量保障部门直接受学校行政中心的领导，相对独立于其他部门，承担着教学质量保障体系的架构与日常运营监控双重职责。同时，还需从各教学单元及教学流程的各个节点收集教学质量监控信息，进行阶段性和部门性数据分析。在数

据收集环节，特别强调原始数据与间接数据的区分管理，需与其他部门协同初次采集数据，统一数据采集标准，以节约时间和成本。举例来说，毕业生就业情况与社会评价数据应由招生就业部门收集，随后提交至质量保障部门汇总，其间，招生就业部门需预先与质量保障部门沟通，协同设计就业数据采集的具体标准与口径。

（4）从制度、活动、人力三个维度使质量保障体系融入各个部门

为确保教学质量保障体系持续高效运行并全面覆盖，需从规则制度、质保实践活动及人力资源配置三大层面着手，进行立体化布局：一是确立"学校—职能机构/教学单位（学院）"两级质量保障制度体系，确保各类质保活动均有章可循，有据可依；二是推动各部门依据既定的质量保障规章制度与目标，实施各类质保活动，确保教育教学工作的扎实推进；三是构建"学校—职能机构/教学单位（学院）—教研室—学生"四级质保专员体系，确保质量保障机制在各级组织与各个环节均能切实发挥作用，形成紧密联动的保障网络。

2. 两个系统"规划—执行—核查—改进"闭环的实施

（1）教学服务系统的执行过程

教学质量保障体系的运作根植于高校的日常运营及各职能单元的实践活动中，故此双系统质量保障体系的运作可借鉴规划—执行—核查—改进循环（Plan-Do-Check-Act，简称 PDCA），即通过 PDCA 的闭环流程来展开。在教学服务的辅助体系中，以学校行政中心为指挥中枢，在确立协同目标和标准后，具体化到业务实践，首先由各部门制定工作规划启动循环，由此持续循环推进。因此，教学服务系统的 PDCA 流程可概述如下：

各教学服务部门依据其职能范围，制订阶段性的行动计划，经由学校行政中心审议，协同修订后付诸实施。在执行阶段，依据既定计划，学校质量保障部门及校长办公室等将监督执行进度与资料，实施过程，并进行审核，提出改进建议，反馈给相关部门，确保及时调整。此流程强调行政中心的集中指导，各部门的执行力，以及行政中心与质量保障部门的内部评估与监控功能。

（2）教学系统的执行过程

学校教育愿景的实现最终体现在人才培养目标上，而人才培育目标的实现仰仗于两套系统的默契配合，最终落脚于教学实践。教学活动的实施蕴含多元要素，包括但不限于教学管理、教学主体、教学客体、教学载体、教学手段，这些要素既包括显性的也含有隐性的，既有程序性的也有价值性的，在实际操作中也可融入 PDCA 循环。每一教学环节的执行者各司其职，在其职责领域内根据既定目标制订相应策略，这些计划常以专案或具体方案形式展现，各执行者依此操作；各环节拥有明确的操作标准。教学管理部门负责所有标准的制订与监督，并

推动其持续优化。教务部门、学院及学校质量保障部门全面参与各环节的监督与评估。

三、高校教学质量管理的改进和创新

（一）高校整体教学质量管理改进策略

在高等教育的范畴内，教学质量管理占据着举足轻重的地位，是不容小觑的关键环节，直接影响到所有相关利益主体的利益。针对这一系列挑战，本书深入探讨并提出了六项优化教学质量管理的策略：强化教学质量管理团队的专业能力，确保他们能紧跟教育发展趋势，拥有先进的管理理念与技能；加大教学质量管理的宣传力度，提高师生对质量意识的认识，营造全员参与的氛围；鼓励学生积极参与到教学质量管理中来，让他们成为质量提升的直接见证者与受益者；完善学生参与的教学质量管理的制度框架，明确权利与责任，确保学生声音被听见并采纳；提升学生参与管理的综合素质与能力，通过培训、实践等途径，使他们成为有效的质量提升的推动者；构建教学质量信息的反馈与改进机制，确保问题能够及时被发现、反馈并得到解决，形成持续改进的闭环。

1. 提高教学质量管理者的水平

在高等教育机构的教学质量管理环节中，管理人员扮演着至关重要的角色，直接关系到高校人才培养的品质。因此，提升高校教学管理者的专业水平与服务质量变得极为迫切，他们不仅需要具备高水平的管理能力，还需要能够与时俱进，与快速变化的社会发展节奏保持同步，确保管理实践的现代化与高效性。

（1）提高教学质量管理人员的服务水平

要有效提升教学质量并确保管理工作的顺畅实施，教学管理人员需深刻树立服务导向的意识，通过优化服务来显著提升教学质量管理水平，实现事半功倍的增效。学校存在的本质是服务于人的全面发展，其核心在于为有需求的群体提供教育服务，即以学生为中心。随着教育领域的不断演进，高校间竞争日益激烈，高校间竞争的一大焦点在于能否向服务对象提供卓越的教育服务体验。因此，教学质量管理团队必须具备强烈的服务意识，坚持以学生为中心，展现热忱的服务态度，耐心答疑解惑，积极响应需求，以积极乐观的心态投入工作，确保教学质量管理工作切实服务于教学实践，保障教学活动的顺利开展。

（2）提升教学质量管理人员的专业素质

高校的教学质量管理人员不仅应具备服务意识和高标准的服务水平，还需不断提升个人素养，这包括四个关键方面。首先，思想素质是根本。高等教育肩负着培育未来栋梁的重任，目标是培养既能建设又能推动社会进步的人才，因此，过硬的思想素质是教学质量管理人员履行职责的基石。他们应持有正确的政治理

念，具备全局意识和战略思维，这属于首要提升的思想素质范畴。其次，职业道德至关重要。对于高校教学质量管理人员而言，忠诚于党的教育事业是职业道德的核心，高尚的职业道德是有效推进教学质量管理的前提。再次，管理素质是教学质量管理人员从事该领域工作的基本资质。高校的教育水准与其管理人员的管理素质和管理能力密切相关，因此，他们应具备教学管理的基础知识、高效的教学质量控制技巧、协调组织能力，以及持续学习新知新的能力。最后，创新素质不可或缺。教学质量管理人员须掌握教学质量管理的内在规律，同时，应具备创新意识，以创新精神探索符合本校发展的道路，在实践与反思中不断提效。

（3）提高教学质量管理者的管理水平和效率

首先，优化教学质量管理队伍。在高等教育机构中，从事教学质量管理工作的人才应兼具德才兼备，不仅应深谙教学，还应精通质量管理知识。学校应依据教务部门及各学院的特定需求，合理配置人员，确保人员配置与学校规模相匹配，且新加入的教学质量管理人员应具备相应的学术背景及实践经验。重视核心管理人才的培养，实施周期性系统培训，确保新晋质量管理成员快速融入角色，掌握必要的专业知识与技巧，深刻理解工作精髓，加速工作适应进程。同时，鼓励他们通过持续学习，深化理论与实践研究，提升解决复杂问题的能力。

其次，定期的考察与研讨不可或缺。安排教学质量管理人员参加权威专家讲座，访问优秀高等学府，进行实地考察与交流，汲取先进质量管理观念，以增强专业素养与能力。

最后，保持教学质量管理队伍的稳定。各高校需出台相关政策，妥善解决质量管理工作人员的福利待遇，确保他们专注于教学管理工作，心无旁骛。同时，高校应加强信息化建设，建立高效的教学质量管理网络平台，推动管理的科学化与现代化，提高工作效率。

2. 加大教学质量管理工作宣传

为了确保教学目标的顺利达成，学校应当确保学生在教学活动开始前就能清晰知晓并理解教学目的及要求，因此，强化在学生群体中对教学质量管理工作的重要性宣传变得尤为重要。这不仅需要充分利用校园内的多种传播渠道，更需要激发那些具有管理潜能学生的积极性，让他们参与到教学质量管理的实践中，协同合作以提升整体的教学质量。

（1）充分利用各种媒介进行宣传

学校教学质量管理部门利用校园广播、网络平台及宣传板报等方式，及时公布教学工作的最新动态与进展，同时邀请各学院代表参与其中，以增强行政人员及学生对教学质量管理工作认知的深度理解。此外，学校可编纂印制官方发布的教学质量管理相关文件，如《本科生学业指南》等，向学生普及校内规章制度、学习指南及操作流程，以此推动教学理念的革新，为学生创造更便捷的服务体验。

（2）调动学生管理人员的积极性

在学生群体中，那些具有管理潜能的个体能够扮演教学质量管理中承上联结的桥梁角色，促进沟通交流。对他们而言，参与教学质量管理不仅是能力锻炼的良机。因此，高校需重视这批学生的培育和激励，充分激活其在质量管理中的参与热情，确保信息顺畅地从"学校"流向"学生管理者"再抵达"全体学生"。通过专门培训和管理，提升学生管理者的认知水平，进而影响更多学生，增加他们对高校教学质量管理的了解。认知的深入是有效配合质量管理工作的前提，有利于教学活动的顺利推进，并最终提升高校教学质量管理水平，带来显著的正面效果。

3. 积极支持学生参与教学质量管理

高校管理的主体涵盖了教师与管理者，学生作为利益相关方，同样在其中占有重要的地位，享有参与的权利。组织内部若仅依赖强制执行，易滋生信息失衡，矛盾与冲突难以避免。反之，建立于成员共识之上的组织则更稳固。高校亦然，其权威并非源自强制，而需学生认同。

（1）积极主动争取领导的重视和支持

要确保学生有效参与高校教育质量的管理进程，而非使之沦为空有其表的空洞口号或短暂现象，关键在于赢得校方的充分认可与实质支持。这要求教学质量提升部门与学生管理团队携手，积极谋求学校领导层，尤其是教学与学生事务主管的强力后盾，促使他们深刻认识到学生在教学质量管控中的不可或缺性和积极作用。此举不仅能为学生的全面发展铺设坚实基石，也将成为推动高等教育质量跨越提升的强大驱动力。因此，建立一个由上至下认同并践行学生参与管理模式的机制，是实现这一目标的必经之路。

（2）学校与学生管理部门相互合作

为了充分激活学生在高校教学质量监督中的角色，教学质量管理部门及教学主管领导须携手学生组织，采取前瞻性策略，主动引领并赋能学生参与质量管理全过程。教学质量管理部门应当创设平台，赋予学生实践与学习质量管理的宝贵机遇，并加以细致指导；同时，学生管理部门也应不断提升自身效能，满怀热情地融入教学质量提升的实践中。任何单一实体的单打独斗都将可能削弱工作的连贯性与实效性，强调的是双方的协同作战——唯有教学管理层与学生管理部门默契配合，才能充分解锁学生参与所带来的教学质量革新的巨大潜力。

4. 加强学生参与权的制度建设

在多数发达国家的教育体系内，学生直接参与决策机制是一种常态，这通常体现为学生代表制度，他们不仅享有参与学校多元化管理论坛的权利，还负有代言广大学生群体的重任，甚至在最高治理层面如董事会或校董会中发声。以英国为例，各高等教育机构普遍设立由学生构成的理事会，作为学生声音的传递者，这些理事会成员能深度介入学校的学术与行政决策圈，就教学内容、科研方向、师资选聘、学生管理制度等核心议题，准确无误地反映学生群体的视角与需求。法国则在学生代表的代表性方面树立了标杆，其大学理事会中学生代表的比例可高达三分之一或更高，确保学生在关乎学校规章制定、学院政策审议、预算规划、资源配置、课程设计、教学法创新及评估模式等所有重要议题上，不仅有话语权，更有决定权可行使。从学校的宏观政策到具体院系的课程安排，学生的声音被赋予了不可忽视的分量。在这一参与式管理模式的初期推行阶段，可通过多维渠道拓宽学生意见的收集路径，比如，设立校领导直通邮箱、开展民主评议等互动方式，旨在全面搜集并吸纳学生的真知灼见。随着时间推移，这些意见和建议将逐步渗透并深化到学校管理的方方面面，从日常运营到策略规划，不断优化和强化学生参与的深度与广度，彰显学生在高校治理中的积极影响力与塑造力。

发达国家在此领域的实践为我们提供了宝贵的借鉴与灵感，那就是构建一个常设且高效的机制，让具备代表性的学生团队能够系统化地参与到学校的治理结构中来，尤其是在校级会议中发声。这支团队应由那些杰出且有能力的学生组成，他们能够准确无误地传达学生群体的意愿与诉求，形成一种制度化、持久化的"学生智囊团"，其功能不仅限于在定期的学生座谈会上贡献见解与建议，还包括通过书面报告或口头汇报的方式反馈学生意见，以及参与学生评价教学与学生代表制度的运作与完善。鉴于高校与学生共享着推动教育质量提升的共同愿景，并基于相互间的信赖与协作精神，学生在教学质量管理体系内的参与不仅是必要的，也是迫切的。然而，这种参与需建立在学生具备相应能力和素质的基础上。值得注意的是，尽管参与管理重要，但大学生的根本任务依然是学习，因此，在参与过程中必须妥善平衡学业与管理的双重责任，确保二者相辅相成。此外，加强与学生会、学习部等组织的沟通与合作，也是至关重要的，这样不仅能够促进管理活动的顺利进行，还能将此视为一次提升自我管理能力与拓宽视野的宝贵机会，真正实现个人成长与学校发展的双赢。

5. 提升学生参与教学质量管理的素质和能力

人才是实践理念与制度的基石，高校教学质量管理体系的稳固不仅仰仗专业的管理团队，还需融入活力四射的学生管理力量。要使学生有效嵌入教学质量管理体系，关键在于锻造一支既有高素质又稳定的学管团队。现实状况揭示，当前我国多数高校学生管理者对教育理论缺乏系统性掌握，专业素养有待提升，其日常操作往往依赖直觉与前辈经验的指引。在此背景下，学生干部群体作为学生中的佼佼者，其管理能力的强弱直接左右着学生参与管理成效的天平，凸显了他们在学生管理中的核心地位。

对于大学生而言，正确认知教学质量管理工作的重要性，通过实战演练提升管理技能是必修课。高校教学管理部门亟须开拓多元化的参与路径与实践平台，旨在点燃学生的参与激情，同时，通过丰富多样的培训与实践机会，拓宽他们对教学质量管理的认知边界，深化其专业技能。

现今的高校学生已展现出明显的自主性，伴随成熟的个性心理与相当的学识积累，他们具备了较强的民主参与意识与能力，此刻，他们亟须的是精准的引导和积极的潜能开发。因此，高校应采取多样化的手段，帮助学生深入理解自身权益与义务，精准把握民主的真谛。同时，高校应策划一系列培训与实践活动，不仅丰富学生的理论认知，如教学质量管理的基本理论，还应强化实践操作技巧，通过实战历练促进学生能力的飞跃，培养出德才兼备、责任感强且富有参与意识的新时代青年，为校园民主化进程注入正能量。此外，高校亦需加强对决策过程的透明度建设，通过增进与学生的沟通与互信，加深学生对自身角色的认知、增强参与感与责任感，促使学生个人目标与高校教学质量提升的目标相融合，激发其内在的参与动力。例如，可探索将参与教学质量管理纳入实践教学体系，作为一门选修课程，学生参与即可获得相应学分，此形式既充实了学生的学术记录，又提升了他们参与高校治理的积极性与实践能力。

6. 建立教学质量信息反馈改进系统

构建综合教学质量信息的反馈机制，该机制通过整合多维度监控主体、多层次监控对象及教育目标，依据特定关联模式协同运作，构成了一个旨在持续优化教学质量的信息反馈生态系统。该系统立足于教学质量管理和控制的核心视角，依托监控主体对教学质量现状、监控目标达成度的即时反馈，旨在强化整个监控体系的自我纠错与迭代升级能力。其中，各分支系统通过积极互动、协同作业，形成联动效应，逐步完备，共同建立高效的教学质量信息反馈与改进体系，对教学质量的整体提升具有不容小觑的正面效用。为保障教学质量管理工作高效运行，高校亟须搭建一套完善的信息反馈改进系统，确保教学质量相关信息能以多种形式，如口头汇报、书面文档、网络公示、教学例会等，直达质量管理人员，为后续的持续改进与质量提升策略提供精准导向。同时，这些反馈也应及时送达各级领导，使他们能够全面掌握学校教学质量的宏观概况，从而进行有效的策略调控与资源调配。学生参与教学质量提升的具体举措，可细分为五个核心步骤：第一，从每个班级精心选拔一位责任感强、沟通能力出众的学生代表，通过专项培训，使其深入理解教学质量管理的内涵与外延，为后续工作奠定坚实基础。第二，这批精选的学生代表将扮演桥梁角色，密切监测课堂动态，详细记录并整理教师授课的实际状况，尤其是异常事件，确保管理部门能实时捕捉问题，迅速响应并采取行动。第三，班级内部设立意见箱，畅通学生反馈教学质量信息的渠道，确保学生处、教务处及相关负责部门能全面、真实地掌握学生心声，为问题的发现与解决提供有效途径。第四，定期实施学生问卷调研与评估，举办学生参与管理的专题讨论会，加深学生对此项活动价值的认识，激发其源自内心的参与热情，从而确保学生参与的实效性。第五，依托现代科技手段，搭建线上互动平台，面向全校学生开放，促进信息的高效流通，强化学生与学校之间的平等对话。学校应积极回应学生反馈，及时分享处理进展，对暂未解决的问题给出明确解释，通过建立健全制度框架，为学生参与教学管理提供强有力的支持，构建互动频繁、共生共长的教学交流环境。

（二）新媒体下高校线上教学质量管理创新策略

1. 树立并广泛推广全链条质量管理的理念

线上教育管理不应被视为简单的规则执行，而应视作一种以教师、学生及社会各界为服务对象的高质量"教育服务"。在社会稳定与持续发展的大环境下，线上教育作为一种新兴且日益重要的教学模式，其长远发展必须立足于前瞻性的管理视角，明确线上教育应有的管理哲学，确保教育质量能够灵活应对教师、学生、家庭乃至社会的多元需求，驱动线上教育质量管理不断优化，进而培养出更加符合社会期待的高素质人才。在此过程中，教师与学生作为线上教育的两大核心主体，管理人员需明确，提供优质教学质量本质上是为学生提供优质教育服务的体现，意味着教师的角色转变为服务提供者，致力于满足学生的学习需求，共同推动线上教育模式下的教育质量迈向新高度。

此外，务必强调全员参与的宣传普及。高校的线上教学质量管理工作是一个复杂且系统的工程，需借助全面质量管理的理念来促进线上教学质量的提升，确保其健康持续发展，同时在所有参与者心中根植可持续发展的观念。积极推广并应用全面质量管理的模式与策略，是确保高校线上教学管理全过程顺畅无阻的关键。在重构的线上教学框架下，每一位参与者需深入理解新的质量管理流程与规范，并通过广泛的宣传，促进这些理念的深入人心与切实执行。在此基础上，每位身处学校或平台的成员都应承担起质量责任，形成层层相连、环环相扣的责任链，通过精细化分工和强化培训，确保每一步操作准确无误。与此同时，加大对线上教学发展趋势的宣传力度，不仅可以有效提升教学质量，更可以为高校线上教育的长远发展铺平道路。简言之，通过全员的积极参与、深入理解和广泛宣传，结合持续的培训强化与清晰的责任划分，共同织就一张促进线上教学质量提升与教育模式创新的紧密网络。

线上教学的监察工作是动态把握教学运行状态的核心环节，构成线上教学质量管理体系的坚固支柱，是驱动教学质量提升的关键杠杆。在全面质量管理框架下，线上教学活动的每一步均需经历严格的质控，旨在及时识别并纠正任何偏离标准的行为与结果。质控的触角须横跨学校线上教学的全貌，涵盖教学平台维护、师生互动、课堂质控、教学目标设定、课程规划、平台沟通、教学流程及各项辅助教学活动，实现全方位覆盖。聚焦于教学管理、教师教学质量、学生学习效果三大主线，督导团队需深入教学一线，通过综合督导、专家评审、学生反馈、教师自省等多元化评价方式，以活动为媒介，弘扬全员参与的管理文化，标准化线上教学流程，全面激发教、学、管多方面的积极性与创造性，力求提升监控效果，促使教学活动向更加科学化、规范化、全面化的方向迈进。

2. 设立合理的教学目标

教学目标是线上教学活动的指引，尤其在作为高校教育体系重要分支的线上教学中，它既要与传统教学保持一定的连续性，也要彰显其独特的特性。教育管理者需在目标设定的起跑线上就牢固确立学生与教师的主体地位，秉承全面管理与全员参与的精神，将这一原则深深烙印于线上教学管理的每一个环节。目标设定需具备全局视角，考虑周全。高校线上教学面对的受众广泛，既包括原班级学生、同专业学生，也接纳其他院校对特定课程有需求的学习者。在宏观层面，教学培养目标应由校方或学院在开课前，基于线上教学特色、学科特色及学校特色，制订全面发展的目标蓝图。而在微观层面，则需任课教师依据教学内容实况与学生个体素质，制订个性化的教学小目标，确保目标的实施既贴近实际，又富含针对性。在确立线上教学目标时，"以学生为中心"的理念是不可动摇的基石。因此，在教学开始之前，深入了解学生的学习背景与平台操作能力，细分教学内容，精炼出更为细腻的教学目标，显得尤为关键。同时，要广泛倾听学生的声音，采用多渠道收集学生的意见与期待，使他们能主动参与到目标设定中，表达个人的学习愿景。这不仅能让教师在制订目标时更贴合实际、有的放矢，还能最大限度地满足不同学生的学习需求，促进教学目标的多元化与个性化，真正实现教育的包容与启迪。

在构建高校线上教学质量管理体系的目标层级时，应着眼于多元学科知识的深度融合，旨在提升学生的自主管理能力，增强其毕业后的职场竞争力，推动信息化教学的稳健前行，并着重培育学生的创新能力。至于短期目标，则具体聚焦于课程实施的高效性、信息技术应用能力的提升、增强学生集中注意力的能力、新型线上协作技巧的形成，以及有效沟通能力的强化。

3. 完善高校线上教学质量管理组织系统

在高校线上教学质量管理体系中，教学组织指挥系统堪比核心"引擎"，负责驱动教学流程的组织、运行与调和，其结构合理性直接影响着质量管理的效能。线上教学质量把控是行政管理与课程内容管理的深度融合。基于此，教学组织系统自然应当由双轨并行的子系统支撑：一方是教学行政管理系统，另一方则是教学课程管理分系统。

建设线上教学的行政管理体系，宜在既有的行政架构之上增设一个教学平台协调部门，采用分层递进的管理模式，依据学校线上教学管理层级逐步开展管理活动。该部门的核心职能在于为线上教学指明发展方向，确保教学活动顺畅无阻，通过行政管理工具，整合教师、管理团队、学生及教学平台等各方资源，全面规划、组织、协调并指导所有线上教学活动，以保证教学质量目标的圆满达成，并为课程管理提供坚实的后盾与服务。至于线上教学课程管理的分系统，则需在现有组织架构上扩容，增设线上教学技术支持与培训单元、助教管理部，并壮大课程督导师资队伍。此分系统专注于技术支撑的强化、线上课程体系的构建，以及研发适应线上教学特性的新教学法、学习策略、考核方式、反馈系统和评估框架，力促线上教学模式的革新，确保教学活动平稳推进。通过深化课程管理的实施，实现对教学质量的精准调控。在此过程中，须重视管理信息与教学信息的互动交流，并将服务于师生作为一切行动的指导原则。

高校线上教学团队的人员配置合理性与管理人员的综合能力，是教学质量管理水平的决定性因素。因此，强化管理人员的服务意识与创新管理思维至关重要，这是实现教学质量优化的必经之路。无论是在规划阶段还是在发展阶段，持续构建一支拥有全面且创新管理理念、业务精湛、个人素质过硬、兼具线上教学丰富经验和求变精神的管理队伍，是不变的目标追求。在推进线上教学的过程中，务必重视并加大线上教学管理人员的技能培训与知识更新力度，确保他们能够掌握先进的线上管理技巧，使管理行动更加高效，从根本上推动线上教学质量的实质性提升。

4. 重构保障运行机制与监控评价机制

（1）重构保障运行机制

在高校线上教育的图景中，"人"的角色占据着核心地位，并在众多关键要素中占据了显著的双重位置。故而，欲实现线上教学流程的顺畅与高效，对教学主体——教师、学生及管理人员的积极引导与激励便显得尤为重要，同时需完善教师成长体系，为教学体系的顺畅运转提供坚实支撑。线上教学质量控制体系的稳固，依托于四大支柱机制，第一，竞争机制。该机制通过促发竞争，不仅催生高质量教育资源的涌现，还激励教师、学生及管理层积极参与线上教学活动，以此赢得个人的荣耀与职业地位。高校可借助线上教学技能比武、学生线上学习挑战赛等形式多样的活动，营造内部的良性竞争氛围。第二，激励机制。激励机制构成了驱动高校线上教学质量提升的另一重要引擎，旨在通过正向刺激，唤醒师生自我管理与提升的潜能。在实践中，应秉持人文关怀、正面引导及奖励兑现的原则，将线上教学质量的总体目标及各阶段课程成果与经济奖励、精神鼓励紧密挂钩，形成一个多层次、全方位的激励网络，促使每位师生都能将追求线上教学质量的进步内化为自觉行动，不断焕发教师的工作热情，深化他们对提升教学质量的内在承诺。第三，创新机制。它是撬动线上教育转型与突破的核心驱动力。此机制涵盖了广泛层面的革新，从教师的教育观念与教学模式的迭代，到教学内容、方法、技术手段的更新，再到学生学习策略、学习环境的重塑，乃至管理者思维模式与管理实践的革新。确保每位参与者都能融入这一创新生态系统是维持创新机制生命力的关键所在，促进了教学全链条的持续优化与升级。第四，约束机制。约束机制作为线上教学质量管理体系的坚固防线，对于维护教学秩序、确保各项教学活动有条不紊地推进至关重要。高等院校需依据线上教学质量的既定目标及师生的具体特点，构建一套科学合理的规范体系。这要求管理部门不仅要对自身行为严格要求，还要指导和监督教师、学生及教学平台的操作，确保各自行为符合规范。同时，教师在激发学生创造力的同时，也需对学生的学习行为施以恰当引导和自我管理，形成上下联动、内外兼修的约束网络，共同保障线上教学活动的规范化进行。

（2）重构质量监控评价机制

线上教学质量监控的核心要素可归纳为五大类：主体（教师、学生与管理者）、资源（教学平台、技术设备、教材与参考资料）、策略（教学策略、学习方法及管理手段）、评估（学生反馈、课程测试）以及环境（文化氛围、物理空间）。针对这些关键组成，应采用综合监控策略，侧重于预防、强化过程监督及深度分析结果，具体体现在教学前的系统性准备监控、教学过程中的人员与活动实时监督，以及教学成果的最终质量把关。围绕这一系列监控环节，应建立健全线上教学的管理规则体系，确保教学活动的科学性、规范性和连贯性。在监督过程中，坚持全面性原则，覆盖教学的全周期、所有维度，实施有计划、多路径、多样化的监控方法，确保监控工作的立体化与实效性。

全面的高校线上教学质量评估旨在对教学流程及其成果进行量化或质化分析，通过与预设标准的全面对比，直观展示线上教学的优势与不足，从而指引教学改进的方向。教学评估体系是确保及提升教学质量的关键工具，而全面质量管理理论视评估为一个包含控制、反馈与持续优化的闭环过程。当前，构建适用性强的教学评价体系成为高校亟待攻克的课题，教师评价系统的完善与革新尤为紧迫，这需要从三个方面着手：第一，突出评价指标的多元性，确保各类教师与不同学生均有清晰的评价标尺，通过课程特性实施教师分类管理，全面覆盖线上教学的各个方面并将其融于评价体系之内。第二，强化评价体系的公正性，减少人为干扰，侧重质量评判而非表面现象，降低通过率的比重，重视实际教学行为的考察，确保评价的纯洁性。第三，加大过程评价的权重，实行线上教学的动态追踪管理，以过程监控为主，结果评估为辅，以期提升评价的科学性和时效性。在教师对学生课程表现的评价上，应鼓励创新与努力，凡能体现教师教学创新或学生积极学习的行为，均应给予认可与鼓励，使评价的激励效果更为显著且多样化；同时，对负面现象采取积极引导策略，促进教学氛围的正面发展。重建线上教学质量评价机制，对提升线上教学质量起到了显著的推动作用，不仅优化了评价流程，还增强了评价的全面性和客观性。

5. 加强线上教学平台建设

线上教学平台的性能与功能性是教学质量的先决条件，也是实现高效教学管理的根基所在。在选取线上教学平台时，应确保其能够充分支持课程的创意设计与开发、资源的快速上传与流畅传输、师生间无缝互动、全面的评估考核、课程管理的便捷操作，以及提供广泛的学习资源覆盖。平台界面设计应追求直观简洁，易于上手，同时与学习情境相契合，营造良好的学习体验。随着 5G 网络技术的普及和移动终端设备的多样化、轻量化趋势，对线上教学平台进行功能升级与结构优化，以满足新时代需求，已成为一项切实可行且日益迫切的任务。

在建设教学平台的学习资源体系时，除了充分利用平台固有的功能，还需整合学校与教师个人提供的教育资源，并确保这些资源在平台上得以顺畅应用，体现了以服务为导向的全面质量管理中以用户为中心的原则。为了高效开展线上教学，教师在选取符合个人教学风格的平台之余，还需确保课程内容的精彩展示，而这可通过两种途径实现：一是利用现有的课程资源，如 PPT；二是依据线上教学的特点，教师独立于平台之外设计和制作教学材料，创作定制化的学习资源。为确保这些资源的持续性和扩展性，平台内部的资源开发与设计能力显得尤为重要。

管理者应当致力于利用平台上丰富多样的学习资源，支持学生的全面发展，如同打造一座电子图书馆，同时为教师备课配备齐全的教学素材。

为了促进线上教学的长期发展，深化学校与教学平台之间的校企合作显得尤为关键。当前，学校与平台之间的合作尚显松散，主要停留在课程供给与接收的层面，这种浅层次的互动亟待深化。双方应以互利共赢为合作基石，确保平台企业稳健运营，同时推动学校线上教学的持续发展。为此，教学平台应针对不同学校的特性、专业需求和学生素质，设立个性化的服务板块，并构建有效的校企沟通桥梁，以便及时响应各方需求，解决潜在问题，共同构筑坚实的战略合作关系。

6. 师生能力培养创新化

（1）教师能力培养

在建设完善的线上教学质量管理机制中，塑造一支具备卓越素质、强大教学能力和高超信息技术水平的优秀线上师资队伍，是提升高校线上教学品质的核心要素。

高校应致力于培养教师的信息素养。随着线上教育的蓬勃发展，信息化已成为其鲜明的时代特征。因此，高校教学管理部门需通过政策宣传与指导，引导教师树立正确的信息观念，提升对信息的感知和把握能力，使教师能够自然而然地将信息运用融入教学创新和专业研究中，与时俱进，紧跟时代步伐。

此外，高校还需重视提升教师的信息技术应用能力。信息技术应用能力是衡量教师信息运用水平的重要指标，但目前来看，仍有待提高。高校应根据不同教师的学科特点和职业需求，提供多元化的教学技术培训，帮助教师提升信息技术运用能力，使他们能够更好地适应现代化的教学环境，推动教学创新的实践。同时，高校还应发布具有针对性的线上教学技术指南，确保教师在无障碍操作的基础上，实现高质量的线上教学。

强调教师教学能力的持续精进，是顺应教育新态势的关键。教师需在语言表达、专业知识、信息技术运用、课堂管理等方面实现显著提升，教学技艺的精益求精应成为其职业生涯的不懈追求。因此，构建专属的教师成长路径显得尤为重要，这包括持续举办素质提升和创新能力培育项目，为教师搭建宽广的学习交流舞台，激励学术研讨与教学实践经验的互动分享，从而有力推动教学能力的全面提升。

（2）学生能力培养

培养学生的自主能力是当前线上教育模式下人才培养的重点任务，同时是创新型人才所必备的核心素质之一。在脱离传统教室环境和面对面监督的情境下，学生自主能力的强弱直接影响到其自身的学习成效。线上教学情境中，教师的直接监管角色趋于淡化，要求管理者和教师协同工作，引导学生建立自我管理与自我驱动的学习习惯，传授自律的艺术，以及如何在虚拟环境中高效学习的策略。首先，教师需激发学生的自我认知，鼓励他们持之以恒，运用合适的方法实现个人学习目标，通过课程内容与教学方法的革新，培养学生自我导向的学习能力，使其学会如何高效学习，并树立终身学习的观念。在高等学府的线上教育实践中，管理者应引导学生领略信息技术带来的教学魅力，教师则可以多采用小组合作学习模式，借助团队合作激发学生的主动性与探究欲，并根据学生的不同特点设计个性化教学方案，尽可能满足每位学生的自主学习需求，打造线上教学独有的学习文化，培育积极向上的学习生态。同时，还需转换学生的学习观念，引导他们从外在的分数追求转向内在的学习兴趣和动力提升。在技术层面，高校应充分利用互联网技术和人工智能，优化线上教学资源配置，提供更多元、更富吸引力的学习内容，实现教学的立体化、生动化和高效化，推动个性化学习模式的发展，满足学生差异化学习的需要。

参考文献

[1] 崔西印 . 新时代生态文明教育融入高校思政教育的路径研究 [J]. 世纪桥，2024
（4）：69–71.

[2] 熊丽 . 论柔性化管理理念在高校教学管理中的应用 [J]. 公关世界，2024（3）：
184–186.

[3] 李云峰，武建新，唐术锋 . 基于高校思政教育的新媒体人才培养研究 [J]. 新闻
研究导刊，2024，15（3）：31–33.

[4] 高桦 . 高校教学管理与思政教育的协同联动 [J]. 中学政治教学参考，2024
（5）：103.

[5] 景馨禾 ."互联网＋"背景下高校在线教育的教学质量评估方法研究 [J]. 中国
新通信，2024，26（3）：65–67.

[6] 邵木才，蒋银虎 . 高校教师培训管理系统的设计与实现 [J]. 电脑知识与技术，
2024，20（4）：63–65，69.

[7] 田明伟 . 创新教育视角下的高校教育管理路径研究 [J]. 中国多媒体与网络教学
学报（上旬刊），2024（2）：94–97.

[8] 董鹏刚 . 基于压力和动力角度的高校青年教师教育管理探究 [J]. 西部素质教育，
2024，10（1）：126–130.

[9] 王莉薇，马亚琴，王晓丹 . 以人为本背景下高校教育教学管理模式改革研究
[J]. 佳木斯职业学院学报，2023，39（12）：187–189.

[10] 师慧，黄乐富 . 标准化助力高校教学管理质量提升的策略分析 [J]. 中国标准
化，2023（24）：51–55.

[11] 陈艳丽 . 校企合作下高校化工专业学生教育教学管理研究 [J]. 塑料工业，
2023，51（12）：201.

[12] 周劲松，宋宇晴 . 波特—劳勒综合激励在高校教师管理中的应用 [J]. 华北电
力大学学报（社会科学版），2023（6）：135–140.

[13] 李辉 . 高校教学管理与思政教育有机融合分析 [J]. 中学政治教学参考，2023
（45）：94.

[14] 任玥，孙慧哲 . 在线成人医学继续教育教学质量保障体系的构建研究 [J]. 中

国医学教育技术，2023，37（6）：638-642.

[15] 宋臣，戴庆倩.高质量发展背景下地方高校教师管理的问题与对策[J].湖北开放职业学院学报，2023，36（22）：41-43.

[16] 赵佳鑫.知识管理视域下高校教师专业发展路径探析[J].改革与开放，2023（22）：62-66.

[17] 张婧.浅谈大数据背景下高校教学管理工作的创新[J].长春师范大学学报，2023，42（11）：161-164.

[18] 霍肖，葛颖.基于信息系统的高校工程实践劳动教育教学管理模式研究[J].信息系统工程，2023（11）：113-116.

[19] 康喜彬.大数据视域下高校教育教学管理创新路径研究[J].林业科技情报，2023，55（4）：171-173.

[20] 佟艺峰.人文关怀视域下高校教育教学管理研究[J].科教导刊，2023（32）：1-3.

[21] 孙雪媛，凤宝林.马克思主义理论在高校教育教学管理中的应用[J].中学政治教学参考，2023（42）：92.

[22] 张玲玲.对建立以人为本的高校教学管理制度的思考[J].中国多媒体与网络教学学报（上旬刊），2023（11）：82-85.

[23] 陈锴.新时代高校教育教学管理革新及可行性研究[J].河北开放大学学报，2023，28（5）：68-71.

[24] 周艳平.教育心理学在高校教学管理中的应用研究[J].品位·经典，2023（20）：119-122.

[25] 仝泽矿.大数据驱动下高校思想政治教育工作创新研究[J].淮南职业技术学院学报，2023，23（5）：16-18.

[26] 文丽.高校教育管理信息化发展与评估系统构建[J].吉林农业科技学院学报，2023，32（5）：30-34.

[27] 周寒，张岩，张均儒.浅析高校思政教育和教学管理工作有效融合[J].品位·经典，2023（19）：123-125.

[28] 李琳，赵锐.智慧教育背景下高校青年教师教学能力提升的研究[J].产业与科技论坛，2023，22（20）：229-230.

[29] 张畔.后信息化时代民办高校教育教学转型路径探究[J].现代商贸工业，2023，44（22）：61-63.

[30] 刘灵娜.多媒体支持下的应用型高校创业教育教学内容与方法优化[J].中国多媒体与网络教学学报（中旬刊），2023（10）：5-8.

[31] 陈燕.学生教育管理与高校思想政治教育融合路径探究[J].公关世界，2023

（17）：126–128.

[32] 曹盼盼 . 终身教育视角下成人高校教学管理的关键问题及发展对策研究 [J]. 北京宣武红旗业余大学学报，2023（3）：30–34.

[33] 蒋艳 . "互联网＋"背景下高校教育教学管理模式的创新研究 [J]. 中国新通信，2023，25（18）：165–167.

[34] 司诺 . 新时代背景下中国高校继续教育发展状况及改进策略 [J]. 赤峰学院学报（汉文哲学社会科学版），2023，44（8）：94–97.

[35] 兰天静 . 对智慧教育环境下高校课堂教学评价方法创新的思考和探索 [J]. 现代职业教育，2023（24）：145–148.

[36] 张亚红 . 高校教学管理信息化建设推动教育信息化发展的研究 [J]. 现代职业教育，2023（24）：61–64.

[37] 李岑 . 新时代教育评价改革背景下高校教学管理新思考 [J]. 长春师范大学学报，2023，42（8）：152–154.

[38] 吴明发 . 面向大数据的高校档案信息化建设研究 [J]. 信息系统工程，2023（8）：108–111.

[39] 钱小莉 . 基于创新能力培养目标的高校教育教学管理分析 [J]. 太原城市职业技术学院学报，2023（7）：34–37.

[40] 唐洲 . 高校教育与学生管理工作的融合实践研究 [J]. 中国多媒体与网络教学学报（中旬刊），2023（7）：58–61.

[41] 徐伟 . 宏观教育理念下的高校教育教学管理策略 [J]. 吉林省教育学院学报，2023，39（7）：62–66.

[42] 陈小满，樊小冬 . 高校教师学术失范行为实质、动因及治理方式重构 [J]. 黑龙江高教研究，2023，41（7）：26–30.

[43] 孙跃轩 . 人工智能背景下高校教育教学管理的创新发展 [J]. 产业与科技论坛，2023，22（13）：287–288.

[44] 俞曤，梅雪 . 高校辅导员在教育教学中的作用及实践策略研究 [J]. 湖北开放职业学院学报，2023，36（10）：47–49.

[45] 赵屹冰 . 新时代高等教育教材管理中的难点与建议探究 [J]. 国家通用语言文字教学与研究，2023（5）：27–29.

[46] 蒋冬梅，李效顺 . 新发展阶段高校本科教育教学管理机制建设 [J]. 教育教学论坛，2023（20）：172–175.

[47] 耿倩 . 浅析高校二级学院教学管理现存问题及对策 [J]. 公关世界，2023（7）：86–87.

[48] 吴新宁，廖慧艳，张倩 . 高校教师教学激励机制存在的问题与对策研究 [J].

当代教育理论与实践，2023，15（2）：142-148.

[49] 仲友.以人为本理念在高校教育教学管理中的应用探索 [J].国家通用语言文字教学与研究，2022（12）：10-12.

[50] 高秋梅.民办高校如何利用现代化教学管理提高教学质量 [J].科学咨询（科技·管理），2022（11）：23-25.

[51] 钟丽花.大数据时代高校教育教学管理的机遇和挑战 [J].江西电力职业技术学院学报，2022，35（10）：103-106.

[52] 王志明，周晓旭，王棨.互联网技术的发展对高校教育管理的影响研究 [J].江苏科技信息，2022，39（24）：42-44.

[53] 宫宇强，谭博.素质教育背景下高校教学管理效率提升策略研究 [J].吉林省教育学院学报，2022，38（7）：41-44.

[54] 许勇战.新时代高校教育教学管理变革创新的必要性及可行性研究 [J].江西电力职业技术学院学报，2022，35（4）：67-69.

[55] 陈英华.心理健康教育融入高校教学管理工作的策略 [J].理论观察，2022（4）：168-170.

[56] 项乐源.思想政治教育视域下的高校教学管理创新路径研究 [J].产业与科技论坛，2022，21（8）：273-274.

[57] 关慧仪.现代教育理念下高校教学方法创新 [J].中学政治教学参考，2022（1）：83.

[58] 苏美妮.高校艺术理论课程价值观教育的教学思路和方法创新 [J].艺海，2020（4）：114-115.

[59] 郭文蕊.新时代高校思想政治教育教学方法创新探究 [J].现代交际，2018（22）：162，163.

[60] 姜波.基于民办高校应用型创新人才培养的机械原理教学改革 [J].教育教学论坛，2017（34）：161-162.